MERIAN *aktiv*

Berlin & Umland

Gisela Buddée

Erläuterung der Symbole

 Restaurant

 Museum, Galerie

 Wandern, Spazieren

 Radeln

 Zoo, Tiergehege, Reiten

 Ort als Ausflugsziel

 Theater, Veranstaltung

 Wasseraktivitäten

 Tipps für Kids

 Sport & Fitness

 Freizeit-/Activitypark

 Shopping

 für Regentage

Inhalt

Inhalt

Berlin & Umland
stellen sich vor

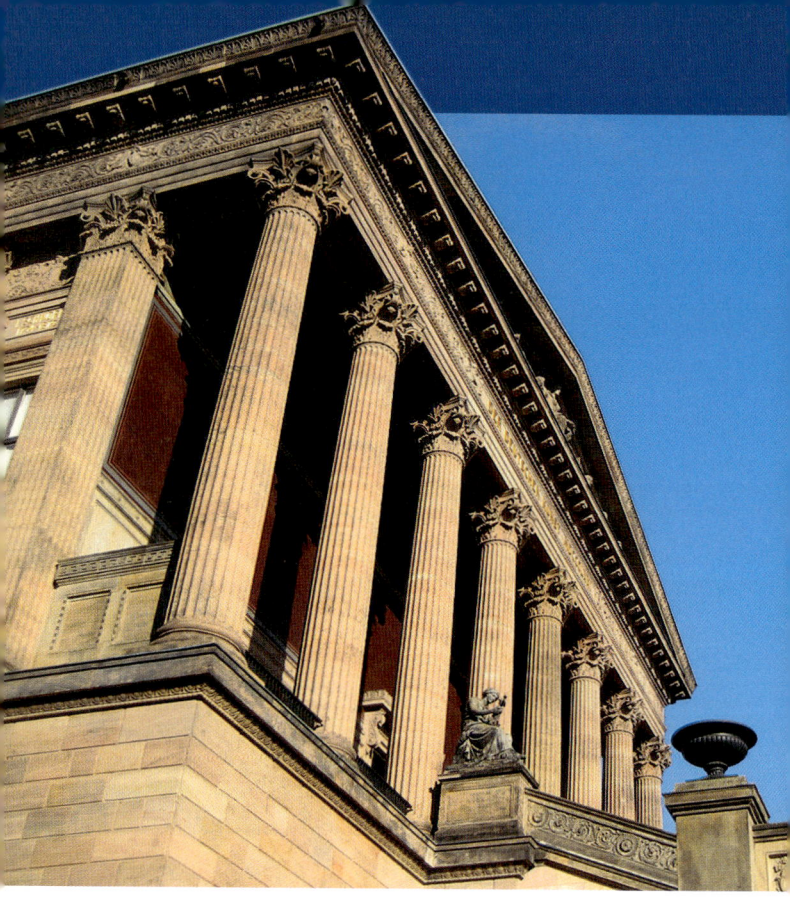

Entdeckerland für Ost und West

Wer es für selbstverständlich hält, dass eine Stadt eine Umgebung hat, ist auf jeden Fall kein Westberliner. Ostberliner hatten immer eine Umgebung, aber die war nicht überall zugänglich und ihre Landkarte hatte Löcher, hier und da sogar so groß wie in einem Emmentaler Käse. Jenseits der Grenze zum »nicht sozialistischen Wirtschaftsgebiet« – dazu gehörte auch der Berliner Westen – waren ihre Landkarten blütenweiß. Für Westberliner war außerhalb ihres Stadtgebietes jede Himmelsrichtung Osten, und für manche ist das immer noch so.

Nachdem 1989 die Mauer gefallen war, änderten sich die Landkarten und Orte wechselten ihre Namen, wie Marxwalde, das seit 1990 wieder wie vor 1949 Neuhardenberg heißt. Ein namenloser weißer Fleck entpuppte sich als

Wünsdorf, längst mit dem Zusatz Waldstadt. Vollkommen klar, dass Ost- wie Westberliner plötzlich ein richtiges Entdeckerland vor der Tür hatten.

Uraltes und ganz Neues

Rissen die Westberliner den Brandenburg-Informationsständen auf der Internationalen Tourismusbörse zu Beginn der 1990er Jahre noch die Prospekte von den Tischen – die Ostberliner sahen sich nach Material von Aust-

Zuerst die Privatsammlung eines Bankiers, jetzt Alte Nationalgalerie.

ralien bis Zypern um –, so zeigen sie heute nur normale Neugier. Viele wohnen jetzt im Umland, endlich, wie so lange ersehnt, im Grünen. Ostler und Westler treffen sich an gemeinsamen Ausflugszielen, erkunden preußisches Kern- und Kulturland mit Parks und Schlössern, mit Natur- und Biosphärenreservaten wie Schorfheide, Unterem Oder-tal und reizvollen Orten mit historischem Stadtkern. Viele Attraktionen sind erst wenige Jahre alt.

Märkische Schweiz, Havelland, Spreewald und Oderbruch sind mehr als einen Besuch wert, und wer heute die prächtigen Buchen-, Kiefern- und Eichenwälder mit dem Fahrrad durchstreift, wird die Vorliebe von Albert Einstein oder Bertolt Brecht für das schöne Seenland verstehen. 6400 Kilometer Radwege erschließen Brandenburg, und der Oderbruchbahnradweg, insgesamt 123 Kilometer lang, zählt zu den schönsten. Freunde der Tour de France finden am Scharmützelsee eine Strecke, die nach einem gestürzten Helden benannt ist, und fahren die Jan-Ullrich- oder Teufels-Tour. Man kann es wie Fontane machen, der seine »Wanderungen durch die Mark Brandenburg« bekanntlich per Kutsche absolviert hat. Die Kremser-Fahrt rettet manche Fehlplanung einer Wanderstrecke, die länger als vermutet ist. Als nostalgisch-moderne Fortbewegungsmittel fordern Draisinen heraus, zum Beispiel zwischen Templin und Fürstenberg. Der Andrang ist groß und ein Sommer schnell ausgebucht. Schneller sind die Skater, die sich im Fläming 210 asphaltierte Kilometer nur mit Radfahrern teilen müssen, durch das Baruther Urstromtal rollen, verträumte Dörfer und alte Feldsteinkirchen passieren. In Jüterbog wurden schon vor einigen Jahren die Europameisterschaften im Speedskating ausgetragen.

Unterwegs sein, ohne Wasser zu sehen, geht gar nicht. 3538 Seen, ein bis zehn Hektar groß und mit einer Gesamtfläche von fast 11 000 Hektar gibt es in Brandenburg, da kann man die 2826 kleine-

ren ruhig weglassen. Berliner, die im Umland unterwegs sind, haben meist ihren Lieblingssee, entweder weil er kinderflach ist wie viele oder 68 Meter tief und glasklar wie

Schlösser, Parks und Wälder

der Stechlin, der größte Klarwassersee Deutschlands. Wo Platz genug ist, kann man Boote mieten, Wasserski fahren oder zur Rundfahrt starten. Und wer sich einmal mit dem Kanu durch den Gewässer-Irrgarten des Spreewaldes gewagt hat, irgendwann allein mit Reihern, Enten und Libellen, wird wiederkommen.

Wer größere Tiere liebt, kann an unzähligen Orten reiten, auf großen wie kleinen Pferden und auf Kamelen, und selbst mit

Eseln kann man auf Tour gehen. Das Land unter den Füßen mit Sand, Moos und Steinen fühlt man auf Barfußpfaden, von oben sieht man es im Flug, bei der Ballonfahrt oder beim Tandemsprung.

Auf Entdecker intellektueller Vergnügen warten der »Neuruppiner Bilderbogen«, die erste Illustrierte der Welt, oder wenige Ki-

Unendlich viel Wasser

lometer weiter Rheinsberg mit dem Schloss, in dem der Alte Fritz jung und noch ohne Sorgen war. Am Schloss von Ribbeck wächst heute mehr als ein Birnbaum, und der Wagen, den Helene Weigel als Mut-

ter Courage über die Bühne zog, steht dort, wo Brecht seine »Buckower Elegien« schrieb. In Honeckers Jagdgebiet in der Schorfheide spielen Tiere heute die Hauptrolle: Kleinen Wölfen kann man beim Futtern zusehen.

Und in Berlin? In Berlin kann man alles, klettern, segeln, schwimmen, Rad fahren, sich sogar kopfüber auf den Alex stürzen, wenn es der Nervenkitzel sein muss. Für die meisten muss das nicht sein. Aktiv im Umland heißt oft Suche nach der Ruhe, der Weite in einem über große Strecken fast menschenleeren Land, nach dem Blau der Seen und dem Grün der Wälder.

Der Stechlinsee ist eine Berühmtheit. Fontane hat ihn dazu gemacht. Er ist auch der größte Klarwassersee Deutschlands und ein Paradies für Schwimmer und Seevögel.

88 Ausflüge für Freizeit und Kultur in Berlin & Umland

13

Bei der Fahrt mit der Handhebeldraisine zwischen Zossen und Jüterbog kann man auch im Winter ins Schwitzen geraten.

Freie Fahrt auf stillgelegten Gleisen

Man nehme mindestens zwei Erwachsene, ein dritter darf dabei sein oder zwei Kinder, ein Fahrradschloss (das spart Leihgebühren) und Sitzkissen, damit es bei längerer Fahrt nicht unbequem wird, und dann kann es losgehen bei der Basisstation Fürstenberg/Havel. 28 km fährt man mit der Fahrraddraisine bis nach Templin. Es gibt eine kurze Einweisung und Tipps zur Streckenführung, aber verfahren kann man sich nicht, denn das Fahrzeug – zwei Fahrräder, mit einer Holzbank

KARTE ▶ D1

Was: Draisine fahren, Templin und Fürstenberg, Mahn- und Gedenkstätte Ravensbrück besichtigen
Wo: zwischen Fürstenberg/Havel und Templin (an ungeraden Tagen)

oder umgekehrt (an geraden Tagen); Tel. 0 30/ 8 73 02 21
Wann: Draisine Apr.–Okt. Ausgabe 9–12 Uhr, Rückgabe 14–18 Uhr; Gedenkstätte Ravensbrück

Di–So 9–17 Uhr
Wie viel: Draisine Mo–Fr 46 €, Sa, So, feiertags 49 €
Essen & Trinken: in Templin Altstadtcafé, Am Markt 11; Tel. 0 39 87/20 82 79;

verbunden – zuckelt über stillgelegte Eisenbahnschienen.

Erfunden hat dieses Fortbewegungsmittel Karl Freiherr von Drais vor etwa 200 Jahren. Eisenbahner nutzten es zur Streckeninspektion und auch für kleine Instandhaltungs- und Reparaturarbeiten. Jetzt rettet seine touristische Nutzung die Schienen vor der Demontage und somit auch ein Stück Kulturgeschichte. Die Fahrt beginnt am Weidendamm und führt gleich über den Hegensteinbach und unter einer Brücke hindurch zum Rastplatz Ravensbrück. Es ist nicht weit zur Gedenkstätte für das ehemalige Frauenkonzentrationslager.

Elf Haltepunkte gibt es. Dort stehen kleine Holzplattformen, so dass man sein Fahrzeug, 80 kg schwer, von den Schienen heben kann. Das erfordert die Höflichkeit, wenn andere Draisinen warten, die ja nicht überholen können. Außerdem reizt auf der schönen Strecke immer wieder ein Ort zur Besichtigung. Dann braucht man das Fahrradschloss, das das Gefährt bei Ausflügen sichert.

Am Rastplatz Himmelpfort – wo der Weihnachtsmann sein Büro hat! – nach 5 km Waldkulisse fällt die Entscheidung schwer: Fünf Seen locken zum Baden, zum Angeln oder zum Bootfahren. Aber dafür gibt es noch Gelegenheiten genug, die Strecke führt nach Norden, nach Lychen mit Stadtmauer und Feldsteinkirche, zauberhaft in einem Wald-Seengebiet gelegen. Ein Blick zurück auf Großen Lychensee und Stadt, die Draisine über eine Brücke lenken – und schon wieder winkt ein Strandbad dem, der 200 m Fußweg nicht scheut. Knapp 1000 m sind es vom Rastplatz Alt-Placht zum Fachwerkkirchlein im Grünen, dann rauscht wieder Wald vorbei und schließlich öffnet sich der Blick auf Felder und Brachland. Über eine Treppe könnte man noch den Wanderweg am Templiner Kanal erreichen und nach 28 km Einfahrt in die Basisstation Templin ist die Fahrt zu Ende. Im Ortsteil Densow, wo bis 1865 die Glashütte Annenwalde stand, gibt es jetzt eine »grüne Waldglashütte« als Schauhütte mit Galerie. Ab Mai wird hier das Produkt des nördlichsten Brandenburger Weinbergs verkauft, an 520 Rebstöcken unter Uckermärker Sonne gewachsen. Der Bus zurück nach Fürstenberg fährt nur alle zwei Stunden, mit etwas Glück bleibt noch Zeit für einen Rundgang.

tgl. 10–18 Uhr; Gasthaus am Stadttor, Lychen, Stragarder Str. 16; Tel. 03 98 88/4 31 16; Mai–Aug. tgl. ab 12 Uhr, Winter Mo, Mi, Fr ab 16 Uhr; schlichter Gasthof an der Einfahrt zum Ort mit bemerkenswert guter Uckermärker Küche, Guinness vom Fass
Web: www.draisinenbahn.de, Fahrrad- und Hebeldraisinen; www.ravensbrueck.de
Sonstiges: Auch im Winter (mit Handhebeldraisinen): Zossen–Jüterbog (39,9 km), www.erlebnisbahn.de

Mit Steinbeißern schwimmen

12 000 Jahre alt ist der Stechlinsee, sagenumwoben und sagenhaft schön und mit 425 ha der größte Klarwassersee Norddeutschlands. Wer ihn umwandert, geht 16 km. Nicht so Genügsame nutzen den Laufpark mit 112,5 km ausgeschilderter Strecke. In der Bucht von Neuglobsow, dem einzigen Ort, der an das Ufer des Sees grenzt, liegt ein Tauchgebiet, 1200 m lang und bis zu 37,5 m tief.

Bis 11 m kann man gut sehen: Schlei, Aal, Krebs und Steinbeißer sind hier zu Hause. Im Glasmacher-

Wer in den Stechlin springt, fliegt in einen Grundwasserberg, 59,7 m über NN.

haus, mehr als 225 Jahre alt, erfahren Besucher von der Vergangenheit des Ortes, in dem bis 1890 Flaschen hergestellt wurden. Eine Erlebnisausstellung über Ruppiner Land und See bringt im Naturparkhaus im Ortsteil Menz Erwachsene und Kinder zum Staunen. Es gibt so geheimnisvolle Angebote wie »Moorfröschisch lernen« oder »Mit Kranichen telefonieren«.

KARTE ▶ D1

Was: Schwimmen, laufen, tauchen, Moorfröschisch lernen
Wo: Stechlinsee, Neuglobsow; Bootsverleih; Tauchbasis, Fischerweg 2, Tel. 0 33 82/7 04 53;

Glasmacherhaus, Stechlinseestr. 21, Naturparkhaus Menz, Kirchstr. 4
Wann: Laufen immer, Tauchen Apr.–Okt., Glasmacher Mai–Okt. tgl. 10–18, sonst Do–So 10–16 Uhr

Essen & Trinken: Fischer Böttcher, Am Stechlinsee, Tel. 03 30 82/7 04 22;
Web: www.stechlinsee. com; www.tauchbasis-stechlinsee.de; www.naturparkhaus.de

Zwiegespräch mit der Landschaft

Kohle, Grafit, Rötel, Tusche, Öl- und Pastellkreide, Gouache, Acryl, Aquarellpapier, Zeichenkarton, getöntes Papier, Pappmaché, Holz, Gips, Modellierholz, Staffelei – alles ist da im Atelier im Grünen. Dieses Grüne liegt zwischen Berlin und Hamburg in der Prignitz, in Horst bei Wolfshagen, also zwischen Pritzwalk und Perleberg, in der Gemeinde Groß Pankow. So viele Namen, um einen winzigen Ort zu beschreiben. Aber wer wird ihn finden, wenn er ihn nicht sucht? Für die Künstler Katja Martin und Jost Löber ist das Vor- und Nachteil zugleich. Seit 1994 arbeiten sie im Inspektorhaus eines Gutes und lieben die Abgeschiedenheit, die Raum lässt für Ideen, für eigene Kreativität. Sie haben die Erfahrung gemacht, dass auch andere, insbesondere Stadtmenschen, die Ruhe der Landschaft und deren langsame Veränderung schätzen, weil sie zur Auseinandersetzung mit sich selbst und dem eigenen Blick auf die Welt anregt.
Malanfänger wie Fortgeschrittene sind willkommen, haben hier Gelegenheit zu Experimenten mit unterschiedlichen Materialien und können herausfinden, welche ihnen entsprechen. Wer mit Holz arbeiten will, braucht andere Fertigkeiten als der angehende Bildhauer, der zuerst mit Gips modelliert, und für alles gibt es kleine und große Tricks, die den Umgang mit Farbe oder Material erleichtern.

In der Einsamkeit der Prignitz guckt niemand dem Künstler über die Schulter.

Was: Malen, experimentieren
Wo: 19348 Horst, Im Dörp 14; Anf. A 24, Abf. Pritzwalk, B 189 bis Kuhbier, dann Horster Weg; DB Pritzwalk

Wann: Mai–Okt.; Sa 10–20, So 10–16 Uhr, in der Woche nach Absprache; Tel. 03 87 89/9 03 85
Essen & Trinken: Perleberg, Neue Mühle; Ausflugslokal mit Biergarten an der Stepenitz;
Tel. 0 38 76/78 60 48; tgl. 11–20 (Winter) bzw. 21 Uhr
Web: www.atelier-im-gruenen.de

Dem jungen Fritz auf der Spur

Als Kronprinz posiert er gleich an der Straße. Hier soll der Alte Fritz, nur vier kurze Jahre von 1736 bis 1740, ein glücklicher Friedrich gewesen sein. Dann wurde er König in Preußen. Unumgänglich, einen Blick auf das Schloss aus dem 18. Jh. zu werfen. Der Vater König Friedrich Wilhelm I. hatte 1734 das Städtchen und die Burg Rheinsberg für 75 000 Taler gekauft und dem Sohn zur Hochzeit geschenkt. Man kann durch die Kolonnade zum Wasser hinuntergehen, das hier Grienericksee heißt. Laubengänge, Grotten und Tempel locken zum Spaziergang, Pärchen turteln wie Claire und Wolfgang, als hätten sie Tucholskys

KARTE ▶ D1

Was: Schloss, Wasserrevier entdecken
Wo: Rheinsberg , Anf. A 24
Wann: Schloss, Apr.–Okt. Di–So 10–18, sonst bis 17 Uhr; 6 €, Winter 4 €; Reederei Eberhard Halbeck,

Am Markt 11, Tel. 03 39 31/3 86 19; Apr.–Sept. Mo–Fr 8–18, Sa, So 10–14 Uhr, Winter Mo–Fr 8–16.30 Uhr
Essen & Trinken: Gasthaus Rheinsberg, Rhinhöher

Weg 1; Kronprinzenpils, Hausmannskost
Web: www.tourismus-rheinsberg.de; www.spsg. de; www.schlosstheater-rheinsberg.de; www. tucholsky-museum.de

»Bilderbuch für Verliebte« gelesen, das 1912 schon See und Schloss zu Berühmtheit verhalf – dem Schriftsteller auch. Eine Gedenkstätte im Schloss dankt ihm seit 1989 dafür. Fast 50 Jahre lang war es Diabetiker-Sanatorium, 1991 hat die Stiftung Preußische Schlösser und Gärten das Gebäude übernommen und restaurieren lassen. Längst ist auch die Natur wieder gezähmt, fast so, wie man sie vor 300 Jahren gern sah. Innen wurde die Wandtäfelung der Rokokozeit freigelegt, das Lackkabinett glänzt, Licht fällt in ein unprätentiöses Treppenhaus und der Blick aus gardinenlosen Fenstern immer wieder auf den See.

Zu zweit der Erde entgegen

Zur Erinnerung an den ersten freien Fall gibt es auf Wunsch ein Video oder Foto.

Man hat es geahnt, der Adrenalinspiegel wird in unermessliche Höhen schnellen: in 4000 m Höhe aus dem Flugzeug ins Nichts klettern, sich fallen lassen …? Dann saust der Himmel vorbei und man selbst mit dem Tandemmaster der Erde entgegen, unaufhaltsam, bis sich, nach 50 bis 60 Sekunden und in 1500 m Höhe, der Gleitschirm öffnet und trägt und man nun beschauliche 5 bis 7 Min. hinunterschwebt – dann Knie anwinkeln, Füße hoch, der Tandempilot landet zuerst und dann steht man auf festem Boden. Glücklich und erleichtert zugleich. Ob es stimmt, dass es oben 20 Grad kälter ist? Keine Ahnung, alle Sinne waren alarmiert. Bequem soll die Kleidung sein, an den Füßen Sportschuhe. Overall, Sprungbrille und Lederkappe werden gestellt und sind in gängigen Größen vorhanden. Nicht jünger als sieben, besser älter als zwölf sollten Kinder sein, meint die Sprungschule. Natürlich dürfen Opa und Oma in die Luft gehen, wenn sie weder Herz- noch Kreislaufprobleme haben und nicht mehr als 90 kg wiegen.

KARTE ▶ D1

Was: Tandemspringen
Wo: Gransee, Flughafen; B 96 Richtung Stralsund, 11 km hinter Löwenberg; Tel. 0 33 06/7 99 40; Anmeldung auch Go Jump Shop Berlin, Panoramastr. 1; Tel. 0 30/24 53 40 30
Wann: Apr.–Okt.; Einweisung, Flug, Freifall und Schirmfahrt ca. 1 Std.
Wie viel: Woche 165 €, WE 190 €; aus 2500 m 129 €; Partnersprung 350 €
Essen & Trinken: Flugplatz-Bistro
Web: www.gojump.de

Umsonst und barfuß

Wie haben sie gelacht, damals in Dannenwalde im Dorferneuerungsverein, als einer kam und vorschlug, einen Barfußpfad einzurichten. Überall im Wald könne man barfuß laufen, und Wald hätte man schließlich genug. Das war 2003 und es fehlte an Attraktionen für Besucher. Die kommen jetzt barfuß, steigen aus dem Zug und haben schon ein angenehm rotes Natursteinpflaster unter den Sohlen. Es fühlt sich warm an. Ein Schienenstrang zum Balancieren – kühl und glatt! – führt zum 750 m langen Barfußparcours. Autofahrer und Radwanderer – vom europäischen Radwanderweg Berlin–Kopenhagen – nähern sich von der anderen Seite, finden blaue Bänke vor, stellen die Schuhe ab und beginnen eine kurze, aber informative Entdeckungsreise: Weicher Sand wie Strand quillt zwischen den Zehen. Dass hessische Füße kürzer sind als sächsische, historisch betrachtet, entnehmen Besucher den Schautafeln. Man läuft über Ton, über handgetrocknete Ziegel, gebrannte Ziegel – der Boden wird spürbar härter –, über Sichtmauerwerk und gesinterte Ziegel. So betritt man Fortschritt. Aber Holz ist angenehmer, und erst Wiese. Stein kann schmeicheln. Zwischendurch ein wenig Fußgymnastik oder ein Geschicklichkeitsspiel: Wer kann mit den Zehen greifen? Und wo sind Bärenspuren? Es ist spannend geworden und doch schon zu Ende. War doch keine so lächerliche Idee. Damals, als hier nix los war.

Kleine Füße fühlen oft klüger als große. Ganz geschickt: Benni und Laura.

Was: Barfußpfad
Wo: Dannenwalde; Anf. B 96, Radwanderweg Berlin–Kopenhagen; RE 5 Berlin–Dannenwalde
Wann: Mai–Okt.
Essen & Trinken: Ziegelhof, Zehdenick; Am Kirchplatz 12; Tel. 0 33 07/31 08 83; Vinothek & Kräuterei; Mi–So ab 12 Uhr; Weine, Kaffee, Kuchen, kleine, abwechslungsreiche Speisekarte; Garten mit 120 Heil- und Küchenkräutern
Web: www.barfusspfad-dannenwalde.de; www.ziegelhof-online.de

Klappernde Hufe im Havelland

Hier geht es nicht um Ponyreiten und Streichelzoo, wer nach Schönermark kommt, will mehr und Sabine Zuckmantel auch. Als sie aus der Soester Börde mit ihren geteerten Feldwegen zum ersten Mal nach Brandenburg kam und die einsamen Landschaften mit endlosen Wäldern und naturbelassenen Wegen im Havelland entdeckte, gab die studierte Romanistin ihren Büroberuf auf und machte sich selbstständig. Mit der Ausbildung zur Wanderrittführerin begann ein ganz neues Leben. Wanderritte sind nicht nur Bewegung in freier Natur, sie sollen auch das Genießen von Landschaft, Kultur und Geschichte in interessanten Gruppen und das Gefühl für Pferde vermitteln. In Schönermark schließen sie kulinarische Genüsse ein.

Elf Pferde leben das ganze Jahr über in der Herde auf dem renovierten Bauernhof, alle zuverlässige und ausdauernde Berber und Araber-Berber aus Frankreich mit wohlklingenden Namen. Sie heißen Daisy de Montjay oder Etincelle d'Arbre Mort oder Kassane des Balmes und gehören zu einer der ältesten Pferderassen der Welt aus Nordafrika, die die napoleonischen Armeen bereits schätzten. Aber diese Pferde haben friedliche Touren im Programm. In langsamem Schritt, schnellem Trab oder flottem Galopp geht es über Wiesen und durch Wälder. Nach drei Stunden im Sattel ist Pause am See, für alle. Die Pferde bekommen Hafer, die Reiter schnuppern, der Cré-

KARTE ▶ D1

Was: Wanderreiten
Wo: Schönermark, Dorfstr. 14; Tel. 0 33 06/20 24 06; Anf. B 96 Richtung Stralsund bis Gransee, Richtung Rheinsberg abbiegen
Wann: siehe Internet

Wie viel: Tagesritte ab 100 €, Halbtagesritte ab 50 €
Essen & Trinken: gemeinsames Essen gehört zum Programm
Web: www.wanderreiten-

havelland.de
Sonstiges: Im Granseer Ortsteil Meseberg Schloss Meseberg, Gästehaus der Bundesregierung

Bis zu 30 Kilometer kann so ein Wanderritt durch das einsame Havelland führen.

mant funkelt im Glas, gleich wird Lammkeule mit Rosmarin und passendem Wein serviert – heute steht »Gourmet-Ritt« auf dem Programm.

Reiter sind Alltag im Havelland, wo viele neben ihrem Brotberuf als Bauern arbeiten und die Produkte auf Wochenmärkten und an Wochenenden auf der Straße an Ausflügler aus Berlin verkaufen. Beim Sonntagsritt geht es über Waldwege und Alleen und an Feldern vorbei, im Sommer bis zur Mittagsrast im Gartenlokal, im Winter manchmal auch zum Lagerfeuer mit Stockwurst und Bigos, das ist ein polnisches Nationalgericht mit Kraut und Pilzen. Der Martiniritt endet beim Gänseschmaus, der Mittsommerritt bei Trollen und Elfen.

Die Gruppenzusammensetzung ist unterschiedlich, nicht jeder bringt Erfahrung mit. Manche sitzen mit 50 Jahren zum ersten Mal auf einem Pferd und wissen mit Halfter und Putzzeug noch nichts anzufangen. Aber es gibt Pferde für die Langsamen, die erst einmal einen halben Tag im Schritt verbringen wollen, und Pferde für die Abenteuerlustigen, die der sanfte Schimmel Foundling im Galopp über die Wiesen trägt.

Blick von der Therme auf den Ruppiner See, einen der längsten in Brandenburg.

Zu Baumeistern und Wortkünstlern

»Was ist der Ruhm der Times gegen die zivilisatorische Aufgabe des Ruppiner Bilderbogens!« Das schrieb Theodor Fontane, 1819 geboren in Neuruppin und Verfasser der »Wanderungen durch die Mark Brandenburg«, eines längst berühmten Reiseführers in sieben Bänden mit 4488 eng bedruckten Seiten. Höchstdichterliche Unterstützung brauchte Gustav Kühn indes nicht. Die märkische Kleinstadt war im 19. Jh. d a s Produktionszen-trum populärer Druckgrafik in Europa, der »Bilderbogen« die schnelle Bildzeitung, Kühn Herr über Aktualität wie gedruckte Moral.

Es begann 1810 mit einseitigen »Bilderbögen«. Primitive Holzschnitte ohne künstlerischen Anspruch, 43 mal 34 cm groß, vermittelten das Tagesgeschehen. Von jeder Druckplatte gab es 1000 Abzüge, mithilfe von Schablonen und meist von Kinderhand koloriert. Und unten rechts stand: »Zu haben

---

KARTE ▶ C2

Was: Stadtrundgang, Schwimmen
Wo: Neuruppin, Anf. A 24, DB
Wann: Fontane-Therme, An der Seepromenade 21, Mo–Fr 9–22, Sa, So, feier-tags 9–21 Uhr; 18 €; Museum, August-Bebel-Str. 14; Apr.–Okt. Di–Fr 12–17, Sa, So ab 11 Uhr, Nov.–März Di–Fr, So 11–16 Uhr
Essen & Trinken: Seegar-ten, Regattastr. 17; Tel. 0 33 91/40 33 40
Web: www.neuruppin.de; www.fontane-therme.de
Sonstiges: Tierpark Kunsterspring

bei Gustav Kühn in Neu-Ruppin«. Sie wurden in Guckkästen von Jahrmarktbuden gezeigt und bis Polen, Ungarn und Skandinavien exportiert. In den Druck- und Kolo_erstuben flogen die Bomben und Granaten fast so schnell durch die Luft wie auf den Kriegsschauplätzen, das garantierte reißenden Absatz. 22 000 Motive gingen bis 1931 um die Welt. Im Museum sind einige zu sehen.

Nachhaltigen Ruhm hat Kühn nicht erworben, Neuruppin nennt sich heute Fontanestadt. Der Bildhauer Max Wiese gab dem Dichter 1907 lebensgroße Gestalt: Hut und Stock sind abgelegt und so harrt Fontane am Eingang zur Innenstadt der Gäste. Die kommen zahlreich und wundern sich über das klassizistische Stadtensemble mit rechtwinklig angelegten breiten Straßen – so hat Friedrich Wilhelm II. die Stadt nach dem großen Brand von 1787 wieder aufbauen lassen. Sie besuchen den idyllischen Tempelgarten der ehemaligen Garnisonsstadt, mit dessen Rundtempel Georg Wenzeslaus Knobelsdorff sein Debüt als Architekt gab, und sehen Preußens größten Baumeister Karl-Friedrich Schinkel, den nächsten prominenten Neuruppiner, auch in Bronze gewürdigt.

Aber was ist ein Denkmal für Vergangenes, wenn die Gegenwart in Form der Fontane-Therme an die Seepromenade lockt. Hier sprudelt Thermalwasser aus dem Boden – es gibt Bemühungen um den Titel Kurstadt –, im 34 Grad warmen So-

lebecken schwimmt man mit Seeblick, die Türme der Klosterkirche ganz nah. Unter neun Themensaunen hat der Besucher die Wahl, unübertroffen dabei die Seesauna, die draußen schwimmt, nur über einen Steg mit festem Boden verbunden, und ganz Mutige springen in den Ruppiner See. Zahlreich sind hier die Inseln der Muße mit Kaminzimmer und Bibliothek, in der auch Fontane nicht fehlt.

Fontane erwartet die Besucher.

Es begann mit einer Mark

Schauspieler? Dorfbewohner? Masken verraten nichts.

»Es ist Frühling, mondlose Nacht in der kleinen Stadt, sternlos und bibelschwarz, die Kopfsteinpflasterstraßen still ...« So tönt es aus dem Wald nahe Autobahn und Havelseen. Aber es ist Sommer, und die kleine Stadt hier ist ein Dorf, das keine 200 Seelen zählt. Gerade wird »Unter dem Milchwald« des walisischen Dichters Dylan Thomas gespielt. Die kleinen Leute einer fiktiven Kleinstadt mit ihren Lastern und Trieben, ihren Fantasien und Träumen geistern als überlebensgroße expressive Figuren durch die Geschichte, 5000 Besucher kommen jedes Jahr. Nachmittags wird das »Dschungelbuch« gespielt, die »Rocky Horror Show« hat es gegeben, die Nibelungen-Trilogie und immer wieder den »Milchwald«. Das ist der Bestseller.

Der Landschaftsarchitekt Horst Wagenfeld und seine Frau Johanna hatten das Dorf in der Ostprignitz entdeckt, eigentlich die Kirche von 1834, die 1960 mangels Kirchengemeinde in weltlichen Besitz übergegangen war. Für die sprichwörtliche Mark wechselte sie den Besitzer, wurde 1990 restauriert und 1995 schließlich der Kunst geweiht. Seit 1993 gibt es den Förderverein Temnitzkirche, der die Theateraufführungen ermöglicht, und das Dorf spielt mit. Der Dachdecker, die Kauffrau übernehmen kleinere und größere Rollen. Oder reißen die Karten ab.

KARTE ▶ C1

Was: Open Air-Theater im Gutspark
Wo: Netzeband, A 24 Richtung Hamburg, Abf. Herzsprung, Neuruppin, Abzweig Netzeband; RE 6 ab Spandau

Wann: Juli/Aug. Theater; Kammermusik in der Temnitzkirche; Karten Tel. 03 39 24/7 99 36
Essen & Trinken: Märkische Höfe, Dorfstr. 7 und 11; Tel. 03 39 24/89 90;

Vierseithöfe mit gastronomischem Betrieb
Web:
www.theatersommer-netzeband.de;
www.maerkischehoefe.de

Der Traum vom Fliegen wird Museum

23. Oktober 1989: Flugkapitän Heinz-Dieter Kalbach landet das Langstreckenflugzeug der Interflug, eine Iljuschin IL 62, auf dem nur 860 m kurzen Segelflugplatz in Stölln. Sandwolken wirbeln auf, der Pilot steigt wohlbehalten aus. Die flugtechnische Meisterleistung steht im Guinnessbuch der Rekorde und das ausgediente Flugzeug seitdem auf seinem Landeplatz. Es wird nach der Frau des Flugpioniers Otto Lilienthal »Lady Agnes« genannt. Man kann es besichtigen.

9. August 1896: Otto Lilienthal, der schon als Kind in Anklam stundenlang den Storchenflug beobachtet hat, glaubt zu wissen, wie der uralte Menschheitstraum vom Fliegen zu verwirklichen ist. Als Erwachsener in Berlin hat er Flügel gebaut, erst einfache, dann mit Schlagapparat. Wie Störche sie haben. Er hält sie in Lichterfelde, wo er wohnt, zum Beobachten. Auf dem Gollenberg bei Stölln ist er schon bis 250 m weit geflogen. Heute erfasst ihn eine Windböe. Er stürzt aus 17 m Höhe senkrecht ab. Am nächsten Tag stirbt er im Krankenhaus in Berlin an seinen schweren Wirbelsäulenverletzungen. An der Absprungstelle ehrt ihn heute eine Skulptur.

»Lady Agnes« auf dem ältesten Flugplatz der Welt.

KARTE ▶ B3

Was: Flugzeugmuseum, Lilienthal-Skulptur
Wo: Gollenberg, OT Stölln
Wann: Apr.–Okt. Di–Do 10–17 Uhr, Juni–Aug. auch Mo, Nov.–März Sa, So 11–16 Uhr

Wie viel: 3 €, Kinder bis 7 J. frei
Essen & Trinken: Gasthof Zum 1. Flieger, Otto-Lilienthal-Str. 7
Web: www.otto-lilienthal.de

Sonstiges: In der »Lady Agnes« kann man heiraten und bis zu 50 Gäste mitbringen. 90 Min. lang kann die Gesellschaft über das Flugzeug verfügen. Info Tel. 03 38 75/3 20 20

So viele Vögel

Störche können 20 Jahre alt werden, in Gefangenschaft auch 30 und noch mehr.

Nicht jeder Horst ist leer, nur weil das von unten so aussieht. Papa stakst hinterm Haus und senkt den langen Schnabel ins Grün, findet Gefallen an einem Frosch, entdeckt einen Regenwurm, sammelt noch Insekten und schwingt sich dann auf, den Nachwuchs zu füttern. Zwei bis drei Jahre werden die Jungen im warmen Süden bleiben. Geschlechtsreif kehren sie ins Brutgebiet zurück, vielleicht nach Linum. Sie werden hier beringt, so erkennt man sie wieder. Linum inmitten von 240 ha Teichlandschaft aus abgetorften Mooren darf man Vogelparadies nennen. Wildgänse, Silberreiher, Milane und Seeadler kreisen über den Verstecken von Fröschen, Unken und Kröten. Und dann kommen die Kraniche zu Zehntausenden ins größte binnenländische Kranichrastgebiet Mitteleuropas. 72 000 Kraniche und 60 000 Wildgänse wurden schon an einem Tag gezählt.

Sie kommen zwischen März und Mai, Weißstörche aus dem afrikanischen Winterquartier, und Linum ist vorbereitet. 13 bis 18 Paare nisten jedes Jahr in den Horsten auf Giebeln, Masten und auf der Kirche. Dann ziehen sie ihre Jungen groß, die im April oder Mai aus dem Ei geschlüpft sind, erste Flugversuche machen, bis sie schließlich im August, zwei Wochen vor den Eltern, ihre erste Reise nach Süden antreten.

KARTE ▶ D2

Was: Störche oder Kraniche sehen
Wo: Linum, Anf. A 24, Ausfahrt Kremmen; RE Berlin–Kremmen, Bus Linum (nur wochentags)
Wann: Störche Ende März bis Anfang Aug.; Kraniche Okt., Nov.; Führungen, Ausstellung Storchenschmiede Linum, Nauener Str. 54; Tel. 03 39 22/5 05 00; 31. März–Kranichrast im Nov.; Di–Fr 10–16, Sa, So, feiertags 10–18 Uhr
Essen & Trinken: Zur Fischerhütte, mit Liegestühlen zum Beobachten
Web: www.berlin.nabu.de/projekte/linum

Überblick

Wer in den Himmel schaut, wenn es oben brummt, und mit sehnsüchtigen Blicken einem Flugzeug folgt, der wird auch ein Auge für die kleinen Flugplätze im Berliner Umland haben, über denen lautlos Segelflugzeuge schweben, Ultraleichtflugzeuge und Motorsegler kreuzen. Und wenn die Sehnsucht groß genug ist, ist der Weg nicht weit – zumindest zu einem Rundflug über Brandenburger Land. Der Flugplatz Stechow liegt in der Nähe der B 188. Hier starten die Maschinen zum Rundflug über das Havelland. Zu einem Taschengeldpreis kann man schon für 20 Min. in die Luft gehen und auf die Optikerstadt Rathenow hinuntersehen. Wer eine halbe Stunde unterwegs sein möchte, überfliegt den ältesten Flugplatz der Welt in Stölln, wo schon Flugpionier Otto Lilienthal mit selbst gebauten Flügeln übte. 40 Min. Zeit tragen den Flugbegeisterten bis nach Brandenburg an der Havel und 60 Min. sogar nach Potsdam und Sanssouci mit dem wunderschönen Blick über das preußische Arkadien.

Durch die Wolken über das Havelland.
Und bis nach Sanssouci.

KARTE ▶ B3

Was: Flugschule Otto-Lilienthal
Wo: Rathenow, Flugplatz Stechow an der B 188
Wann: tgl. ab 9 Uhr
Wie viel: 20 Min. 33 €, 60 Min. 99 €

Essen & Trinken: Eiscafé am See, Semliner Weg 6, Stechow-Ferchesar; an der Badestelle Dranseschlucht;Tel. 03 38 74/ 6 02 30; tgl. 11–19 Uhr; Eis, Kuchen, Mittagstisch

Web: www.flugschule-rall.de
Sonstiges: Sauna und Pool am Platz, Fahrrad- und Bootsverleih in der Nähe

Ein Birnbaum in seinem Garten

Man glaubt es nicht: Da gibt es ein Gedicht, mehr als 100 Jahre alt, es soll der Deutschen liebstes sein und die Kinder lernen es auch noch in der Schule, und dann wird aus Poesie Realität. »Herr von Ribbeck auf Ribbeck im Havelland, ein Birnbaum in seinem Garten stand, und kam die goldene Herbsteszeit und die Birnen leuchteten weit und breit, da stopfte, wenn's Mittag vom Turme scholl, der von Ribbeck sich beide Ta-schen voll«, dich-tete Theodor Fon-tane und erzählte, wie die Alte die Kinder beschenkte und sich listig eine Birne ins Grab le-gen ließ, die Kin-der mit einem neuen Baum, der daraus wachsen würde, zu er-freuen. Er wusste, sein geiziger Sohn würde das nicht tun. Heute wachsen in Ribbeck viele Birnen.

Ribbeck ist keine Erfindung, sondern Realität, ein Dorf mit 320 Einwohnern, nicht weit von Berlin entfernt. Seit 1998 wohnen die Ribbecks wieder hier, wie ihre Vorfahren seit 1237, und pünktlich zum 70. Geburtstag des Friedrich Carl von Ribbeck wurde das nun sanierte und birnengelbe Schloss seines Großvaters mit Konzert, Theater und Barockfeuerwerk im Jahr 2009 wiedereröffnet. Eigentlich ist es ein Herrenhaus von 1893, auf den Grundmauern eines niedergebrannten Schlosses errichtet. Aber es gehört nicht mehr den Ribbecks, sondern dem Landkreis Havelland. Die Ribbecks wohnen dahinter, in einem kleineren gelben Haus.

Der letzte Herr auf Gut Ribbeck, ein überzeugter Gegner Hitlers, wurde 1945 im KZ Sachsenhausen umgebracht. Zu DDR-Zeiten war das Schloss Altersheim, und die sozialistische Version der Fontane-Ballade zeigt im Treppenhaus einen arroganten Adligen, eine Birne, nach der hungernde Kinder gieren, zwischen spitzen Fingern, daneben die Kinder des Arbeiter-und-Bauern-Staates, die ihre Birnen mit den Alten teilen. Aber jetzt ist das Schloss Museum, außerdem Restaurant,

> In der Alten Brennerei stellen die Ribbecks heute Balsamessig aus Birnen her und vertreiben ihren Birnenbrand und Birnenlikör, der nach ihren Vorstellungen im Elsass produziert wird.

KARTE ▶ C3

Was: Schloss/Museum (zu Fontane, Havelland) **Wo:** Ribbeck, Theodor-Fontane-Str. 10; Tel. 03 32 37/8 59 00;

Anf. B 5; RB 10 bis Nauen, Bus 661 **Wann:** Tgl. 10–17, Führung 13 Uhr; **Wie viel:** 2 €

Essen & Trinken: Café Theodor, Alte Hamburger 9; Tel. 03 32 37/8 59 59; Di–Fr 10–18, Sa, So 10–19 Uhr

Veranstaltungsort und Standes-
amt.

2005 hatte Janko von Ribbeck die
Idee, hinter der Alten Brennerei,
wo einst das familieneigene Ge-
wächshaus stand, einen Birnen-
hain anzulegen, frei zugänglich für
alle, Besucher und Dorfbewohner.
Jetzt guckt der junge Herr von Ribbeck auf einen Zaun, der Bauern-,
Bibel- und Birnengarten der Kirche
umgibt.

Der berühmte und bedichtete
Birnbaum stand bis 1911 auf dem

Mit Birnenmarmelade und Kuchen hat
die Kirche für ihre Sanierung gesammelt.

Kirchhof, dann fällte ihn ein
Sturm. Es wurde zur Tradition,
neue zu pflanzen, die sich jedoch
den Erwartungen widersetzten.
Der neueste trägt immerhin
Früchte, kleine. Pomologen, das
sind Obstkundler, sagen, es sei
einfach die falsche Sorte. Aber es
ist nicht die einzige in Ribbeck,
Spenden verschiedener Bundesländer wachsen im Schlossgarten.

Web: www.ribbeck-
havelland.de
Sonstiges: 2 km hinter
Ribbeck liegt der Kinder-
bauernhof Marienhof, seit

2007 mit Zwergenhof für
die kleinsten Besucher.
Kühe, Esel und Pferde, Ziegen, Enten und Hühner le-
ben hier. Es gibt einen

Barfußpfad und ab Juli ein
Mais-Labyrinth. Am Mari-
enhof 1; Tel. 03 32 37/
8 88 91; März–Dez.; www.
marienhof-ribbeck.de

Wisente vis à vis

Im Sommer 2009 wurde gefeiert: Zum dritten Mal wurden Wisente geboren.

Der Koloss frisst alles, Moose, Büsche, Baumrinden stopft er in sich hinein, er reißt Ginster aus und knickt Bäume um, und das soll er auch. Die Wisente in der Döberitzer Heide haben wie die Przewalski-Pferde, die letzten lebenden Wildpferde, eine Aufgabe. Sie sollen das Gras kurz halten und dafür sorgen, dass sich kein Wald entwickelt. Die mehr als 100-jährige militärische Nutzung verhinderte Besiedelung und Landwirtschaft. Ein Mosaik wertvoller Lebensräume mit Mooren, Heiden, Gewässern und Laubmischwäldern war entstanden. 2004 kaufte die Sielmann Stiftung 3450 ha der einzigartigen Landschaft, um ein wildnisähnliches Naturschutz- und Naherholungsgebiet mit Wisenten, Pferden und Rothirschen zu schaffen. Ein Wegenetz ermöglicht Beobachtungen, Kinder pflegen schon mal Kontakt zu Schafen und Ziegen und studieren Käfer und Bienen im Insektenhotel.

KARTE ▶ D3

Was: Wisente, Pferde und Rothirsche sehen
Wo: Döberitzer Heide, Schaugehege, Wustermark/OT Elstal; Anf. von Spandau B 5, Abf. Elstal/Olympisches

Dorf/Sielmann Stiftung; RE 4 bis Elstal, dann 20 Min. Fußweg
Wann: Apr.–Okt. tgl. 10–18, Nov.–März 10–16 Uhr; Naturexkursionen erfragen, Tel. 03 32 34/2 48 90

Essen & Trinken: Kiosk, Rastpunkte
Web: www.sielmann-stiftung.de
Sonstiges: Wanderweg, 10 km von Sacrow nach Priort

Platz für viele Sommer

3500 Seen und kein Geheimtipp? Jeder hat einen, den Beetzsee zum Beispiel. Bei Lünow oder bei Butzow, bei Ketzür mit der interessantesten Kirche von Potsdam-Mittelmark oder bei Päwesin. 22 km lang ist er und grenzt im Süden an das Stadtgebiet von Brandenburg. Nach Norden hin wird die Gegend einsamer und ländlicher, es zwitschert und schnattert am Ufer und es gibt unzählige Badestellen. Bis Bollmannsruh, da gibt es alles.

Hier kann man leihen, was ein ambitionierter Wassersportler braucht: Surfbrett, Katamaransegler, Kajak, Vierer- oder Zehnerkanadier, Tretboot oder Mountainbike oder eine Sonnenliege. Wen es dann doch nicht ruhen lässt, weil er sich bisher nie ernsthaft an allem, was da lockt, ausprobiert hat, der entschließt sich vielleicht zum Schnupperkurs. Erst einmal beim Windsurfen? Man fällt ins Wasser, zuerst. Aber Fortschritte beflügeln und vielleicht finden sich schnell acht andere Sportler, die man braucht zur Teilnahme an Wettbewerben wie Havelland-Jagd (Bogenschießen, Kanufahren, Mountainbike) oder Fire-Abend (Bogenschießen in der Dämmerung [!], Fackelfahrt mit Mannschaftskanadiern). Einfach nur schwimmen kann man auch.

Eine Stunde dauert so ein Schnupperkurs.

KARTE ▶ C3

Was: Bogenschießen, Kanufahren, Mountainbike
Wo: Beetzsee, Natursportprojekt bei Bollmannsruh; Tel. 03 38 38/3 09 30; Anf. B5, vor Nauen Richtung Päwesin

Wann: 15. Apr.–15. Okt.; Verleih Di–So 9–17 Uhr; Winter Bogenschießen und Nordic Walking auf Anfr.
Essen & Trinken: Restaurant Advena-Hotel Päwe-

sin, Bollmansruh 10; Tel. 03 38 38/47 90; Terrasse am See
Web:
www.natursportprojekt.de

Wilder Westen im Osten

Kann man so einen Bankräuber verfol-
gen? Die Zuschauer fiebern mit.

Der Indianer reitet in den Saloon.
Ist das denn möglich? Glücklicher-
weise ist das Pferd nicht am Burger
interessiert, es steht an der Bar.
Das hat für niemanden Konsequen-
zen, es macht kehrt, ohne die Teller
eines Blickes zu würdigen, aber die
Kinder schauen ihm mit offenem
Mund hinterher. So ist er, der wilde
Osten. In der Mainstreet hat der
Böse nach kräftezehrendem Kampf
verloren, schon muss man planen,
wie der Tag weiter verlaufen soll:
Ponyreiten oder Kutsche fahren?
Oder doch besser Hufeisenwerfen
oder sich im Bogenschießen üben?
Jedenfalls ist erst einmal der Bank
ein Besuch abzustatten, in der
schnöde Euros gegen Eldorado
Dollars getauscht werden. Der
Wechselkurs: 1 : 2,50. Vielleicht
lässt sich die Kasse beim Goldwa-
schen aufbessern, denn die Eltern
wollen noch Quad fahren. Und Ad-
ler, Falken und Uhu warten auch
auf der Ranch.

Schon zu DDR-Zeiten wurden die
unterdrückten Ureinwohner Nord-
amerikas zu Pionieren im Kampf
gegen den Imperialismus verklärt.
Nur so konnten sich in den 1980er
Jahren mehr als 1000 Aktivisten zur
regelmäßigen »Indian Week« treffen. Was daran reizte, haben auch
Doktorarbeiten nicht klären können.

KARTE ▶ E1

Was: Besuch Westernstadt
Wo: Templin, Am Rödde-
linsee 1, Anf. A 10, Abf.
Wandlitz, B 109
Wann: Apr.–Mai, Sept.,
Okt. Fr–So, Juni Mi–So,
Schulferien, feiertags tgl.
10–18, Fr, Sa bis 24 Uhr
Wie viel: Kinder bis 1,20 m
frei, sonst 8 €, Erw. 10 €
(mehrere Shows inkl.);
Kasse 10–18 Uhr, dann Ein-
tritt frei außer Sonderver-
anstaltungen
Essen & Trinken: Restau-
rants auf dem Gelände
Web:
www.eldorado-templin.de

Einmal in der Pole Position

Fans fiebern schon beim Anblick der Ferrari-roten Fahrzeuge, bei Motorenlärm und Benzingeruch, und können es kaum erwarten, sich Schumi-gleich in die Pole Position zu manövrieren. Wer es noch nie probiert hat, schwitzt, die direkte Lenkung verspricht Knochenarbeit, nur 3 cm Luft pfeifen zwischen Straßenbelag und Hosenboden im Schalensitz. Die Honda-Motoren mit 9 PS schaffen 60 km/h, die Haarnadelkurve naht, die Fahrbahn ist mindestens 8 m breit, rechts Gas, links Bremse, nicht verwechseln und keine Kupplung suchen, geschafft, 1102 m lang ist die kurvige Bahn. Es gibt Auslaufzonen an jeder Seite, aber besser, man beendet die Tour in der Boxengasse. Nach 10 Min. ist es vorbei. Es gibt eine elektrische Zeitmessung und man kann seine Rundenzeiten ausdrucken las-

sen. Aber lieber nicht beim ersten Mal. Überhaupt ist Kartfahren ein Gemeinschaftsspaß, bei dem Fahrerinnen und Fahrer aller Altersgruppen rivalisieren, ganze Firmenbelegschaften messen wohl auch die Risikobereitschaft der Kollegen. Wer mit dem eigenen Kart kommt – man kann es hier auch unterstellen –, muss wahrscheinlich den Schalleinstellungspegel korrigieren, mehr als 95 dB sind nicht erlaubt. Das klingt wie ein Lastwagen mit Dieselmotor und so laut wie eine Kreissäge.

Die Lenkung ist direkt, Muskelkater garantiert.

KARTE ▶ E1

Was: Kartfahren, 10 Min. 11 €; Sturmhauben- und Handschuhverleih je 2 €; Kinderkart 9 €
Wo: Freizeitpark Templin, Templiner Ring Cart Center; Carl-Friedrich-Benz-

Str. 2; Tel. 0 39 87/ 40 99 60; Anf. B 96 und B 109, Templin, Gewerbepark Süd
Wann: Mo–Fr ab 12, Sa, So, feiertags ab 9 Uhr
Essen & Trinken: Gast-

stätte F1 am Platz
Web: www.kart-templin.de
Sonstiges: Platzkämpfe, Drifteinlagen, Burn-outs, Wheelis und Stoppies (Fahrkunststücke wie Fahren auf dem Vorderrad)

Bis zu 1,40 m dick ist die alte Stadtmauer und die eigentliche Sehenswürdigkeit Templins.

Um die Perle der Uckermark

Kartoffeln nennen sie hier Nudeln! Und früher nahmen Bauern den Proviant in »Kalit« genannten Spankörben mit aufs Feld. Früher war Templin auch nur mit einem Palisadenzaun geschützt, seit dem 13./14. Jh. aber ist eine dicke Mauer aus Feld- und Backsteinen errichtet, 1735 m lang und 5 bis 7 m hoch mit 54 Wiekhäusern und drei Toren. Trotzdem haben Besucher die wie in einer Auster verborgene »Perle der Uckermark« immer gefunden. Manche fragen, wo denn Frau Merkel gewohnt habe. Die meisten aber kommen wegen der Seen, 180 sollen die Stadt umrunden und werben mit Strandbad, Surf-, Tauch-, Segel- und Motorboot und sogar Tauchschule. Der Bootsverleih am Stadthafen im Nordosten liegt am Ausgangspunkt für ein fantastisches Wasserrevier, das sich nach Westen zur Havel hin erstreckt, nach Osten zu abgeschiedenen Seen, für Touren mit Paddel- oder Motorboot oder auch nur mit dem Tretboot.

KARTE ▶ E1

Was: Boot fahren, Stadt besichtigen
Wo: Templin; Anf. A 11 bis Pfingstberg, B 109; Bootsverleih Seestr. 4; Tel. o 39 87/5 36 61

Wann: Apr.–Okt. tgl. 10–19 Uhr, Winter auf Anfr.
Essen & Trinken: Zur Rossschwemme, Pension Mühlenseeperle, Am Mühlentor 2; Tel.

o 39 87/5 09 50; Biergarten, gutes Essen, tolle Aussicht
Web: www.templin.de; www.bootsverleih-templin.info

Winzlinge in der Schorfheide

Wie dicke Käfer hasten die jungen Sumpfschildkröten quer über die Grashalme, bis sie am Wasser angekommen sind. Wurzelstücke und flache Stillwasserzonen sind das erste Ziel der Winzlinge in den Teichanlagen der Blumberger Mühle. 2003 ist hier die bisher einzige begehbare Freianlage für Europäische Sumpfschildkröten angelegt worden, 2007 sahen Besucher den ersten Nachwuchs. Die Tiere, früher weit verbreitet, schienen auszusterben. Der Ausbau von Straßen und Gewässern, die Aufforstung von Gelegeplätzen, Bootsverkehr und Reusen in der Binnenfischerei haben ihre Lebensräume zerstört. In sumpf- und gewässerreichen Gegenden Mecklenburg-Vorpommerns, in der Uckermark und seit einigen Jahren in Hessen sieht man sie wieder. Im Biosphärenreservat Schorfheide mit dem Informationszentrum Blumberger Mühle gibt es eine Sanddüne für die Eiablage, warm genug, die Eier auszubrüten. Es gibt flache Teiche, in deren Boden die Tiere sich im Winter eingraben und die Stoffwechselaktivität bis zu den kräftigeren Sonnenstrahlen im April auf ein Minimum senken können.

Die Außenanlage der Blumberger Mühle ist mit ihren 14 ha so etwas wie die Schorfheide im Kleinen, mit engen Hohlwegen, hohem Schilfgras, Holzstegen. In Schilf und Unterholz verstecken sich Frösche, Eidechsen, und manchmal liegt eine Ringelnatter im Weg. Ranger bieten Führungen an. Ein sprechender Baum erzählt Kindern, die auf einem Findling sitzen, wie die Schorfheide entstanden ist.

Gerade 3 cm misst die Jungschildkröte.

Was: Blumberger Mühle besuchen
Wo: Angermünde, Blumberger Mühle 2; Tel. 0 33 31/2 60 40; Anf. A 11 bis Joachimsthal, B 198; RB bis Angermünde,

Shuttleservice Biberbahn tgl. 9.25–17.15, Sa bis 18.15 Uhr
Wann: Apr.–Okt. Mo–Fr 9–18, Sa, So 9–19 Uhr, sonst Sa, So 10–16 Uhr, Mo–Fr n. Abspr.; Führung tgl. 13.30

Uhr; Erw. 2, Kinder 1,50 €
Essen & Trinken: Gasthaus Zum grünen Wunder (Apr.–Okt.) auf dem Gelände, Gartenlokal Biberau
Web: www.blumberger-muehle.de

Schöne Aussichten

Das Biosphärenreservat Schorfheide liegt in der Uckermark, der
mit 28 Einwohnern pro km^2 am
dünnsten besiedelten Landschaft
Deutschlands. Richard Hurding, In-
nenarchitekt aus London, und
seine Frau, die Managerin Sarah
Phillips, entdeckten es bei einer
Reise auf den Kontinent und ver-
liebten sich in einen alten Wasserturm. Heute ist der Turm aus den
1960er Jahren, der dazu diente, Lo-
komotivkessel aufzufüllen, eine
runde Wohnung, und aus dem
Fenster überblicken sie das größte
zusammenhängende Waldgebiet
Europas, in dem Kaiser, Kurfürsten,
Nazis und SED-Genossen sich das
Wild vor die Flinte treiben ließen.
Der Berliner Architekt Frank Meil-
chen hat aus Beton, Stahl und far-
bigem Glas einen Fahrstuhl an den
Turm gebaut, so dass Neugierige
ihnen auf das 24 m hoch gelegene
Dach klettern und die tolle Aussicht
genießen können.
Biorama, aus Biosphäre und Pano-
rama gebildet, heißt das Projekt, in
dem die beiden Engländer Freizeit,
Kultur, Wissenschaft und Wirtschaft mit ökologischem Nutzen
verbinden wollen. Die weiße Villa
auf dem Gelände ist Ausstellungs-

Der erste Teil des Traums vom ökologi-
schen Leben in der Schorfheide steht.

raum, und in einer Designfabrik
soll Brauchbares, also Land-Art,
aus Zelfo hergestellt werden. Das
ist ein Stoff aus Hanf, Flachs und
Altpapier.

KARTE ▶ F1

Was: Biorama-Projekt erkunden, Land überblicken
Wo: Joachimsthal, Töp-
ferstr.; Tel. 03 33 61/
6 49 31 oder 01 79/
92 4 9535; Anf. A 11; DB
Eberswalde, OEDG

Joachimsthal
Wann: Mitte Apr.–Okt.
Do–So 11–18 Uhr sowie
nach Absprache
Essen & Trinken: Gasthof
zur Eisenbahn, renom-
mierte Bioküche in Ring-

walde (10 km Richtung
Templin), Dorfstr. 6;
Tel. 03 98 81/2 79; tgl. ab
11.30 Uhr, WE Reservie-
rung ratsam
Web:
www.biorama-projekt.org

Große Katzen, wollige Schweine

Ein Teich, Sonnenhügel, und viele Bäume – 15 000 m² Revier waren eingerichtet, als die beiden Brüder im August 2009 aus dem Harz in die Uckermark zogen. Zwei Luchse, Lugh und Loki, die größten Raubkatzen Europas, haben eine Menge Platz im größten Luchsgehege, das auf weitere Nachbarschaft angelegt ist. Aber es soll eine Männerwohngemeinschaft bleiben, »kommt ein Weibchen dazu, wird es kritisch«, wissen die Tierpfleger. Eine Ansiedlung der scheuen Katzen in freier Natur wie im Harz ist nicht geplant.

Ob die Wölfe, die hier seit 1998 in zwei Rudeln leben, Kontakt zu frei lebenden Artgenossen aufgenommen haben? Vor 150 Jahren waren die Vorfahren aller Hunderassen in ganz Europa zu Hause, wurden gejagt und fast ausgerottet und leben längst, menschenscheu und ungesehen, irgendwo unter uns. Wer sich im Wildpark auf den 7 km langen Wan-

derweg macht, sieht neben Wildschwein, Dam- und Rotwild Tiere, von denen mancher nicht weiß, dass sie hier einmal heimisch waren: Elche, die riesigen Vegetarier, das Wollschwein mit den gestreiften Ferkeln, das Rauwollige Pommersche Landschaf, das Przewalski-Pferd, das weiße Englische Parkrind. Erleichtert nimmt man die Zäune wahr, die die Menschen aussperren.

Für kleine Menschen sind auch Ziegen richtig große Tiere, selbst wenn ein Gitter Annäherung verhindert.

KARTE ▶ E2

Was: Wildtiere sehen
Wo: Wildtierpark Schorfheide, Groß Schönebeck; Prenzlauer Str. 16; Tel. 03 33 93/6 58 55; Anf. A 11, Finowfurt, B 109

Wann: tgl. 9–19 Uhr; Otterfütterung tgl. 11 Uhr; Luchsfütterung Mi–Mo 11.30 Uhr; Vollmondnächte jeden Monat, Anmeldung erforderl.
Wie viel: Erw. 4,50 €, Kin-

der unter 4 J. haben freien Eintritt
Essen & Trinken: Restaurant Kräuterküche, im Dörfchen Imbiss
Web: www.wildpark-schorfheide.de

Zeitreise mit Feldbahn und Dampflok

So kann man sich ein Bild machen von der Massenproduktion der Ziegelei.

»Berlin ist aus dem Kahn gebaut«, den Satz hört jeder irgendwann. Wie das ging, erfährt man bei der Ziegeleirundfahrt in Mildenberg. Was man sieht, war fast 150 Jahre lang, von 1852 bis 1990, Alltag. Mehr als 5000 Männer, Ziegler genannt, die meisten von ihnen Wanderarbeiter, haben zwischen rauchenden Schloten und dampfenden Baggern Ton abgebaut, Ziegel ge-

formt und in die Kähne gestapelt, so dass in Berlin die Gründerzeit gefeiert werden konnte und das Zehdenicker Ziegelrevier zum größten in Europa wuchs. Und jetzt gibt es ein Museum, das schon einem Abenteuerpark gleicht, und bei der Naturpark-Tour durch das einstige Industriegelände huschen Biber ins Wasser. Orchideen blühen.

KARTE ▶ E1

Was: Ziegeleipark Mildenberg, Rundfahrt (11.30, 12.30, 14.30, 16 Uhr) 7 €, Kinder 4 €; Naturpark-Tour tgl. 13 Uhr; Dampflokfahrt 1. WE im Monat 13, 15 Uhr; 9 €

Wo: Zehdenick, B 96, Abf. Löwenberg; RB 12, ab Zehdenick Bus 838
Wann: Apr.–Okt. tgl. 10–17 Uhr
Essen & Trinken: Gasthaus Alter Hafen mit Biergarten

an der Havel a. d. Gelände
Web: www.ziegeleipark.de
Sonstiges: Klosterscheune Zehdenick, Am Kloster 1; Lesungen, Kino, Ausstellungen, www.klosterscheune-zehdenick.de

Musik im Mittelalter

Eine Ruine wie aus dem Bilderbuch in schönster märkischer Backsteingotik: Rosetten, schmale Spitzbogenblenden, die Ornamente der Kapitelle, das elegante Maßwerk der Fenster, Zackenfriese und krabbenbesetzte Türme fügen sich harmonisch zueinander. Die romantische Klosterruine Chorin erhebt sich einsam aus den Wäldern der Endmoränenlandschaft, von Krähen umkreist – bis zum Sommer, wenn klassische und neue Klänge ihre Weltenferne aufheben. Seit 1964 schon wird im schlichten Innenhof musiziert.

Die Ordensregeln verpflichteten die Zisterziensermönche, in unwirtlicher Gegend zu siedeln. Das taten sie 1258 auf der Insel Pehlitzwerder im nahen Parsteiner See. Das Datum des Umzugs nach Chorin ist nicht bekannt. Nach der Säkularisierung 1542 wurde das Kloster landwirtschaftlich und dann auch als Steinbruch genutzt. Aber nachdem Schinkel es 1817 entdeckt und sich für den Erhalt des Bauwerks eingesetzt hatte, wurde die Kirche erneuert und die Ostfassade neu gestaltet. Besucher umrunden den Amtssee, bevor sie die Atmosphäre der »Alten Klosterschänke« genießen.

Neben Opern und Klassik gibt es im Sommer auch Filmmusik zu hören.

KARTE ▶ F2

Was: Ort und Kloster besichtigen
Wo: Chorin; Abf. Britz/Chorin; RB Chorin
Wann: Kloster, Tel. 03 33 66/7 03 77; Apr.–Okt. 9–18, sonst bis 16 Uhr; Eintritt 4 €, Führung 5 €; Musiksommer Juni–Aug.; Tel. 0 33 34/2 56 50
Essen & Trinken: Alte Klosterschänke, Am Amt 9; Tel. 03 33 66/53 01 00; Jan., Feb. Sa ab 12, So ab 11 Uhr; ab März Mo–Sa ab 12, So ab 11 Uhr; Immenstube, Neue Klosterallee 10, Honigspezialitätenrestaurant
Web: www.kloster-chorin.com

Alles bio im Dorf

Arbeit für Dorfbewohner und Spaß für Kinder bringt ökologische Landwirtschaft.

Berliner, die ihren Sonntagsbraten kennenlernen wollen, fahren 60 km nach Norden in die Uckermark, wo dicke Pommersche Landschafe am Ufer des Wesensees grasen, Kühe ihre Hörner behalten und sich ihren Schlafplatz selbst aussuchen dürfen, ins Ökodorf Brodowin. Zartbesaitete bestellen online.

Inmitten von Hügeln, Seen, ausgedehnten Streuobstwiesen und Kleefeldern ist auf dem Gelände großer Landwirtschaftsproduktionsgenossenschaften (LPGs) seit 1990 der größte Lieferant von Demeter-Gemüse und -Milchprodukten in Deutschland gewachsen. Dorfbewohner, die die Biobauern mit ihrer nachhaltigen Landwirtschaft anfangs für Spinner hielten, haben Arbeit gefunden, melken, kümmern sich um die Herden und bauen Gemüse an. Wenn Gastwirt Stockmann einmal wöchentlich duftende Brotlaibe aus dem Holzofen holt, stehen die Urlauber aus der kleinen Pension schon an. In der Meierei füllt derweil eine Hightechanlage täglich 5000 Flaschen ab, Quark, Butter und Käse werden produziert.

KARTE ▶ F2

Was: Biobetriebe besichtigen, einkaufen
Wo: Brodowin; Anf. A 11 Chorin; DB Eberswalde, Bus
Wann: Führung Sommerferien bis 2. WE im Sept. Sa

10.30 Uhr, sonst nach Anmeldung; Tel. 03 33 62/2 46; Hofladen Mo–Sa 9–18, So 10–18 Uhr
Essen & Trinken: Siegis Landhauspension, Dorfstr. 47; Tel. 03 33 62/7 03 37

Web: www.brodowin.de
Sonstiges: Bademöglichkeiten am Parsteiner See; Campingplatz, Bootsverleih, Spielplatz, Surf- und Tauchschule

Per Wüstenschiff durchs Löwenberger Land

Man sitzt gut im Sattel zwischen den Höckern, fest und stabil fühlen sie sich an, aber wie wird Suleika aufstehen, zuerst vorne? Oder hinten? Oder mit allen Beinen gleichzeitig? Noch kniet Suleika, aber dann gerät das Wüstenschiff ins Schwanken und streckt die Hinterbeine und dann die Vorderbeine und schaukelt sich den Reiter zurecht. Hoch ist so ein Kamel und flach das Löwenberger Land, und am Fleckschnupphof, wo die Herde lebt, beginnt schon freies Feld. Die Chefin der märkischen Karawane, Gabriele Heidicke, weiß, was Ängstliche beruhigt: Kamele sind viel ungefährlicher als Pferde, sie sind keine Fluchttiere. Sie kennen keine Panik und bleiben stehen oder setzen sich. Wer schon einmal ein Kamelrennen gesehen hat, kennt das Phänomen. Aber hier gibt es keinen Grund zur Panik, die Karawane schaukelt im Passschritt über die Felder, knabbert im Wald an Blättern und schreitet gemächlich wieder nach Hause.

Ist es Suleika, Khalif oder Saba? Nur am Anfang sehen alle Kamele gleich aus.

KARTE ▶ E2

Was: Kamelreiten
Wo: Nassenheide; Löwenberger Land, Am Dorfanger 12; Anf. B 96
Wann: Besichtigung So 15–18 Uhr (Sommerzeit); Geländeritt nach Voranmeldung, Tel. 01 77/3 01 95 30
Wie viel: Stunde 55 €, ab 8 J.
Essen & Trinken: Seelodge, Kremmen, Am Seeweg 40; Tel. 03 30 55/2 20 80, Restaurant, Café auf Stelzen im See, So Brunch; Sandstrand, Bootsverleih
Web: www.fleckschnupphof.de; www.seelodge.de

Das Geheimnis der Schwebenden Jungfrau

Ein Elefant gibt Pfötchen und eine Dame verrenkt sich elegant. Aber das ist nur die Fassade, spannend wird es innen: Das Geheimnis der Schwebenden Jungfrau wird gelüftet, das Kostüm von Katja Nick, die rückwärts sprechen und sogar singen konnte, ist zu besichtigen und die Winchester von Buffalo Bill darf man bewundern. Eigentlich hieß er William F. Cody, und Kunstschützen wie er trafen im 19. Jh. mit dem Gewehr ein Geldstück in der Luft! Eisenkugeln sind ausgestellt, jede 5 kg schwer. Mit denen jonglierte der damals stärkste Mann der Welt, Milo Barus, der ein Pferd eine Leiter hochtragen konnte. Und dann ist da noch die Flagge »Sicher wie Jold«, das einzige Vereinsbanner der jüdischen Artisten in Deutschland, das nicht vernichtet wurde. Blinkende Automaten, Felle von Zirkustieren: eine Überfülle von Kunst-schätzen präsentiert das Museum, das Platz sechs der skurrilsten Museen Europas einnimmt und weltweit das einzige Artistenmuseum ist. Oft kurz vor der Pleite und mit immer neuen überraschenden Veranstaltungen, bei denen Artisten aus aller Welt auftreten.

Der Clown Reka (Paul Kaiser-Reka) brillierte auf vielen Musikinstrumenten.

KARTE ▶ E2

Was: Artistenmuseum besuchen
Wo: Klosterfelde bei Wandlitz, Liebenwalder Str. 2; Tel. 03 33 96/2 72; B 109; DB Klosterfelde
Wann: Mo–Fr 9–18, Sa, So 14–18 Uhr
Wie viel: Erw. 3,50 €, Kinder (7–14 J.) 2,50 €
Essen & Trinken: Restaurant Lindengarten, Hauptstr. 10; Tel. 03 33 96/3 18
Web: www.artistenmuseum.de
Sonstiges: Im Wandlitzsee, vor 100 Jahren mondäner Badeplatz im gleichnamigen Ort, kann man schwimmen und surfen

Von Bötzow nach Oranienburg

Millionen Blumen erblühten um das Schloss und zauberten die Traumlandschaften einer Kurfürstin, im neuen Hafen ankerte eine kurfürstliche Jacht und eine Spiellandschaft wie aus einem Gemälde von Pieter Brueghel erfreute Kinder. Vielleicht war die Landesgartenschau 2009 die notwendige Zäsur? Man wird sehen.

Weder Schloss noch Stadt können auf eine glanzvolle Vergangenheit verweisen, und manche wünschten in den vergangenen Jahrzehnten, ihre Stadt hieße wieder Bötzow, wie damals, als noch nicht fast monatlich in Verkehrsnachrichten von Bombenentschärfungen die Rede war. Drei Fliegerangriffe hatten 1945 zwei Drittel der Stadt zerstört und Blindgänger werden immer noch gefunden.

Das Dörfchen Bötzow hatte Kurfürst Friedrich Wilhelm seiner Frau Louise Henriette von Oranien geschenkt, weil das schöne Land sie so sehr an ihre holländische Heimat erinnerte. Ein Wasserschloss, Oranienburg, wurde gebaut und auch der Ort 1653 so genannt. Ihr Sohn Friedrich III., der sich dann selbst zum König Friedrich I. krönte, ließ das Gebäude seinem

neuen Status gemäß verändern und zum schönsten Barockschloss der Mark ausbauen, der Soldatenkönig plünderte es aus und irgendwann begann der Verfall.

In Oranienburg wurde Baumwolle produziert und Schwefelsäure, Friedlieb Ferdinand Runge entdeckte in einer Chemiefabrik Anilin und Karbolsäure, das Schloss

KARTE ▶ E2

Was: Park, Schlossmuseum, Schlossplatz 1, und Gedenkstätte Sachsenhausen, Straße der Nationen 22, besuchen
Wo: Oranienburg; Anf. B 96, RE 5, S 1

Wann: Schlossmuseum, Tel. 0 33 01/53 74 37; Apr.–Okt. Di–So 10–18, Nov.–März Di–Fr bis 16, Sa, So bis 17 Uhr; Museum Sachsenhausen; Tel. 0 33 01/20 00;

15. März–14. Okt. Di–So 8.30–18, sonst bis 16.30 Uhr; Besucherzentrum und Gelände auch Mo.
Web: www.spsg.de; www.stiftung-bg.de
Sonstiges: TURM Erlebnis-

wurde Lehrerseminar, SS-Kaserne und Polizeischule und dann, ab 1952, Kaserne der DDR-Grenztruppen.

Die Sanierung nach der Wende schuf Raum für Stadtverwaltung, Kreis- und Schlossmuseum. Wertvolle Gemälde und Wandteppiche schmücken heute wieder historische Räume. Eine Fototapete erin-

nert an Louise Henriettes Porzellankabinett. Im Silbergewölbe im Keller bewahren verzierte Humpen und Kannen einstigen Prunk.

Mitten in der Stadt Oranienburg war 1933 das erste Konzentrationslager eingerichtet, Sachsenhausen wurde 1938 bis 1945 Zentrale aller Konzentrations- und Vernichtungslager.

Jede Stadtplanung nach der Wende legte ein neues Stück eines feingesponnenen Netzes frei, das sich als Topografie des Terrors erwies: Der Getränkehandel war SS-Bad, die Werkstatt SS-Garage, die Polizei SS-Kaserne. Seit 1961 schien die Geschichte hinter den Mauern einer Gedenkstätte verwahrt, darüber, dass sie sich im Speziallager des Sowjetischen Geheimdienstes NKWD von 1945 bis 1950 fortgesetzt hatte, wurde geschwiegen. Seit 2001 gibt es nun die gemeinsame Gedenkstätte und das Museum Sachsenhausen.

Ein bisschen Rathaus, ein bisschen Schloss nach altem Vorbild.

city im Zentrum der Stadt bietet Einwohnern und Besuchern ein Freizeit- und Erlebnisbad mit 80 m langer Wasserrutsche an, mit Wellenbecken, Sole- (Innen- und Außenbecken) und Entspannungsbädern. Sportliche finden eine Beachsporthalle vor (40 cm Sand), es gibt ein Kegel- und ein Bowlingcenter mit jeweils acht Bahnen. Fitnesscenter und Kletterwand (15 m hoch) ergänzen das Angebot. André-Pican-Str. 42; Tel. 01 80/3 16 21 62; www.erlebniscity.de

Industrie und Spiel

Märchenerzähler oder Clowns halten immer wieder auch kleine Besucher bei Laune.

Nebel wallen durch den Feenwald. Dem menschlichen Körper nachgebildet ist ein Garten, in dem Pflanzen dort wachsen, wo sie den entsprechenden Organen guttun. Mit Tretbooten kurven Eltern und Kinder durch unterirdische Industriestraßen eines alten Walzwerks. 20 Tonnen wiegt die größte Taschenuhr der Welt, und wer die Zeit wissen will, muss die offenen Lokschuppen zählen. Lust, ein Wrack zu bergen, nur mittels Luft? Eltern sinken im Bambusgarten erschöpft auf Bänke, Kinder quietschen in der Riesenrutsche. Am Südufer des Finowkanals, der mit 400 Jahren ältesten Wasserstraße Nordeuropas, ist aus dem Gelände der Landesgartenschau 2002 ein Familiengarten geworden, vom Montagekran zu überblicken.

KARTE ▶ F2

Was: Spielen, fahren, gucken, lernen
Wo: Familiengarten Eberswalde, Am Alten Walzwerk 1; Tel. 0 33 34/38 49 10; Anf. A 11, Abf. Finowfurt, B 167
Wann: Apr.-Okt. tgl. 10–18 Uhr
Wie viel: Erw. 2 €, Kinder 1 €
Essen & Trinken: Café Liebermann im Schleusenwärterhaus, über den Treidelweg am Kanal
Web: www.familiengarten-eberswalde.de
Sonstiges: Zoologischer Garten, Am Wasserfall 1; Deutschlands bester Kleinzoo

Mit Schiffen im Fahrstuhl

Es sieht aus wie eine Riesenbadewanne im Oder-Havel-Kanal. Ein Schiff fährt hinein und wird in fünf Minuten vom Barnim-Plateau im Westen um 36 m zum Oderbruch im Osten gesenkt, das Schiff fährt weiter. Die Badewanne ist ein Trog, 85 m lang, 12 m breit, 2,5 m tief. Hinein passen Schiffe bis zu 1000 Tonnen. Nur vier kleine Elektromotoren bewegen mit jeweils 75 PS äußerst effektiv und preiswert die 4290 Tonnen schwere Fracht, die an 256 Stahlseilen hängt und von 192 Gegengewichten im Gleichgewicht gehalten wird. Das patente Verfahren funktioniert seit 1934 reibungslos und 24 Stunden am Tag. Hunderttausende kommen im Jahr, das technische Wunderwerk zu bestaunen. Aus der Riesenbaustelle nebenan wächst bis 2014 ein Hebewerk, das auch Containerschiffe mit bis zu 100 m Länge fasst.

Schiffe auf dem Weg nach Polen.

KARTE ▶ F2

Was: Besichtigung Schiffshebewerk
Wo: Niederfinow; Tel. 03 33 62/2 15; Eintritt 1 €, Kinder unter 6 J. frei
Wann: Apr.–Okt. tgl. 9–18 Uhr; bis 31. Dez. und 16. Feb.–März bis 16 Uhr; Besichtigungs- und Hebefahrt im Sommer tgl. 11, 13 und 15 Uhr; Dauer: 1–1,5 Std.; Preise: Erw. 6, Kinder 3 €
Essen & Trinken: zahlreiche Imbissstände am Platz
Web: www.schiffshebewerk-niederfinow.info

Skispringen im Sommer

Eine Wintersportarena mit 40 000 Zuschauerplätzen, Sommerrodelbahn (400 m), Snowboardhalfpipe, Skateboardanlage, die im Winter vereist wird, 2000 m Loipe, Sessellift, dazu ein Sprungturm für die Großschanze, der baulich in die Landschaft passt (mit Turm-Café), und selbstverständlich ein Anlaufturm als Wahrzeichen der Stadt Bad Freienwalde – eine Zukunftsvision. Von der Barnimer Gletscherwelt ist die Rede und vom höchsten Berg mit 1580 Dezimetern. Ja, spinnen die Freienwalder?

Nein, nicht wirklich, es ist gerade erst 80 Jahre her, dass man ihr Städtchen das St. Moritz des Nordens nannte. Birger Ruud, der norwegische Olympiasieger von 1936, war 1929 von der Schanze am Papengrund gesprungen. Und jetzt springen sie hier wieder.

Eigentlich ging alles ganz schnell: Im Februar 2001 hat sich der Wintersportverein 1923 wieder gegründet, hatte im September 41 Mitglieder, in drei Monaten zwei Mattenschanzen gebaut und im November gab es die erste Landesmeisterschaft im Skispringen. Ein Blick auf die Website verrät, es geht auf- und selbstverständlich immer auch abwärts.

KARTE ▶ G2

Was: Skispringen (sehen), Kurstadt besichtigen
Wo: Bad Freienwalde; Anf. A 11, Ausf. Finowfurt, B 167
Wann: Veranstaltungen s. Web
Essen & Trinken: Zur Oderbrücke, OT Altglietzen, Chausseestr. 11 (B 158 vor Grenzübergang Polen); Tel. 03 33 69/5 25; Mo geschl.
Web: www.wsv1923.de; www.bad-freienwalde.de
Sonstiges: Brandenburgs älteste Kurstadt (seit 1684) besichtigen, Walter-Rathenau-Gedenkstätte, Schloss; Mi–So 11–17 Uhr (Winter bis 16 Uhr)

Aufregend plattes Land

Heimwehland für Dörfler, Abenteuer für Städter. Ranft heißt Kruste, Kanten, Rand. Wie Rand zum Oderbruch. Altranft war einmal Fischerdorf und entwickelte sich im 18. Jh. zum Gutsbauernhof mit allem, was dazugehört, mit Schloss und Kirche. Heute ist es Museumsdorf, lebendig durch die Dorfbewohner und die Besucher. Man kann eine Kutsche mieten, durch das Dorf traben wie einst die Herrschaften oder hinaus zur

Kulturkutsche heißt das Ausflugsprogramm für gestresste Städter.

Bockwindmühle in Wilhelmsaue, zum nächsten Hof oder einfach ins Grüne. Vorher kann man an Aktionstagen den Alltag vom 18. Jh. bis heute besichtigen, Körbe flechten, Papier schöpfen, Weidenruten schnitzen, beim Brotbacken zusehen oder bei den Meisterschaften im Gespannpflügen.

KARTE ▶ G2

Was: Freilichtmuseum besichtigen, mit Pferd und Kutsche unterwegs
Wo: Altranft, B 167 zw. Bad Freienwalde und Wriezen
Wann: Di–Fr Apr.–Okt.

9–17, Sa, So, feiertags 11–18 Uhr, Nov.–März 10–16 (11–16) Uhr; regelm. Aktionstage mit zahlreichen Handwerker-Vorführungen
Wie viel: Erw. 4, Kinder 2,

Fam. 8 €; Kulturkutsche 19–26 €
Essen & Trinken: Café im Schloss
Web: www.freilichtmuseum-altranft.de

ABENTEUER AUS ERSTER HAND.

Schöne Spielwiesen

Green-was? Wem Greenfee ein Fremdwort ist, der kann kein Brandenburger sein. Nirgends in der Republik gibt es so schöne Golfplätze, so neue und so viele. Es bot sich an, sie anzulegen, damals, als

alle erwarteten, Millionen würden in die Hauptstadt drängen und der Bedarf nach exklusiven Sportplätzen steigen. In Berlin spielte man Volxgolf, umsonst und in der Mittagspause. Nicht einmal Greens gab es (außer in Wannsee), die Plätze waren grau bis braun. Das ist nun anders, 17 18-Loch- und 13 9-Loch-Plätze entstanden rund um Berlin auf 16 Anlagen, zwei werden in Top-Ten-Listen geführt. Unermüdlich werden Schnupperkurse angeboten, aber die Listen der Klubmitglieder füllen sich nur langsam. Auch in der DDR war Golf kein Volkssport. Heute winken Studentenrabatt und Startangebote plus Schlägerset oft vergeblich.

Der Westside Platz im Golfpark Schloss Wilkendorf ist der einzige 18-Loch-Platz in Brandenburg, gepflegt und anspruchsvoll, auf dem Spieler während der Woche ohne Platzreife und ohne Mitgliedschaft willkommen sind. Haben sie es zu Meister- und Klubmitgliedschaft gebracht, wartet auf dem Areal der Sandy Lyle Platz, ein Spitzenplatz, vom schottischen Weltklassespieler entworfen.

Anfänger spielen auf dem 6-Loch-Platz.

KARTE ▶ F3

Was: Golf spielen
Wo: Altlandsberg, Golfpark Schloss Wilkendorf, Am Weiher 1; Tel. 0 33 41/ 33 09 60
Wann: tgl., von Sonnenaufgang bis -untergang

Wie viel: ohne Platzreife Mo–Mi, Fr 38, Do 30 €
Essen & Trinken: Restaurant Gutsstube; Tel. 0 33 41/33 09 20; Di–So ab 12 Uhr; Armenhaus, Am Strausber-

ger Tor 2; Tel. 03 34 38/ 6 04 28; Di–So 11–21 Uhr. Idyllisches Anwesen mit deftigen Gerichten
Web: www.golfpark-schloss-wilkendorf.com

Verseschmiede am See

Im Garten darf gelegentlich auch ein Markt mit kunstvollen Töpferwaren stattfinden.

»Friedlich und langweilig« fand Bertolt Brecht Buckow und somit genau richtig zum Arbeiten, zumal in einem »nicht unedel gebauten Häuschen« mit Grundstück bis zum Schermützelsee. Das war 1952 und die glanzvolle Zeit Buckows als von Egon Erwin Kisch gelobter Luftkurort längst vorbei. Der Gedichtzyklus »Buckower Elegien« ist hier entstanden, mit dem Brecht auf die Folgen des 17. Juni 1953 reagierte: »Wäre es da/Nicht doch einfacher, die Regierung/Löste das Volk auf und/Wählte ein anderes?« 1977, 22 Jahre nach Brechts Tod, wurde das Sommerhaus als Museum zugänglich gemacht, in dem auch musikalisch-literarische Veranstaltungen stattfinden. Ein sehr schönes Museum: ein hoher, lichter Salon mit Sprossenfenstern zum See, schwarz gebeizten Dielen vor dem Kamin, dunklen Möbeln. Im ehemaligen Bootshaus steht der legendäre Planwagen, den Helene Weigel 1949 als Mutter Courage über die Bühne zog.

KARTE ▶ G3

Was: Buckow besichtigen, Brecht-Weigel-Haus besuchen
Wo: Museum Bertolt-Brecht-Str. 30; Tel. 03 34 33/4 67; Anf. B 1/5 bis Müncheberg, Richtung Strausberg, Waldsieversdorf, Buckow
Wann: Apr.–Okt. Mi–Fr 13–17, Sa, So 13–18 Uhr, Nov.–März Mi–Fr 10–12, 13–16, Sa, So 11–16 Uhr
Essen & Trinken: Fischerkehle, Fischerberg 7; Tel. 03 34 33/3 74; tgl. 11–17, Sommer-WE bis 19 Uhr; direkt am See
Web: www.brechtweigelhaus.de; www.buckow.de

Im Garten der Verschwörer

Ein Schloss, Kavalierhäuser, Hotel und Kirche – ein helles klassizistisches Ensemble von 1759 im Oderbruch, wo die Grenze zu Polen ganz nah und Berlin ganz weit zu sein scheint, so blau und grün sind die Farben der Landschaft. Fast 500 Schlösser und Herrenhäuser stehen in Brandenburg, aber dies in Neuhardenberg ist ein ganz besonderes. Im weitläufigen Park, den Lenné und Fürst Pückler schufen, flanierten 1944 der Hausherr des Schinkel-Schlosses Carl-Hans von Hardenberg und seine Gäste wie Graf von Stauffenberg und Henning von Tresckow, die wussten, dass man sie hier nicht abhören und sie das – dann gescheiterte – Hitler-Attentat planen konnten. Am Abend des 24. Juli, die Familie saß im großen Saal beim Abendessen, kam

KARTE ▶ G3

Was: Schloss, Park, Kirche und Ausstellungen besuchen
Wo: Neuhardenberg, Schinkelplatz; Anf. B 1 bis Jahnsfelde, über Trebnitz und Wulkow

Wann: Schloss-Parterre Apr.–Okt. So 13–18 Uhr, Ausstellungshalle Kavaliershaus-Ost, Apr.–Okt. Di–So 11–19 Uhr; Kirche Di–Sa 12–18, So 10.30–18 Uhr

Essen & Trinken: Brennerei, Landgasthaus mit Biergarten; tgl. ab 11 Uhr
Web: www.schlossneuhardenberg.de;
Schechert's Hof, Vierlinden-Marxdorf (15 km südl.

die Gestapo, um Hardenberg zu verhaften. In der Bibliothek wollte er sich erschießen. Das misslang. Er kam ins Konzentrationslager Sachsenhausen. Eine Verhandlung vor dem Volksgerichtshof, die Todesstrafe war beantragt, fand nicht mehr statt, die Rote Armee stieß auf Berlin vor. Das Schloss Neuhardenberg wurde beschlagnahmt.

Bis 1815 hatte der Ort Quilitz geheißen. Dann hatte Friedrich Wilhelm III. ihn Karl August von Hardenberg, dem preußischen Reformer und Staatskanzler, als Standesherrschaft überlassen und ihm zu Ehren in Neu-Hardenberg umbenannt. So heißt er seit 1991 wieder, nach Marxwalde zur DDR-Zeit. Eine Stiftung verantwortet seit 2002 ein hochklassiges Kulturprogramm. Die Geschichte ist zu besichtigen.

Neuhardenberg), Dorfstr. 35; Tel. 03 34 70/49 50; tgl. bis 22 Uhr; einer der bekanntesten Fischköche Brandenburgs serviert im historischen Vierseitenhof aus dem 18. Jh. nicht nur

Fischgerichte, im Juni das östlichste Matjesfest Deutschlands; Rauch- und Backhaus im Sommergarten; Reparaturwerkstatt am Vierlinden-Radweg; www.schorbertshof.de.

Sonstiges: Lesungen, Diskussion, hochkarätige Konzerte; 5-Sterne-Hotel in der ehem. Orangerie (s. Abb.)

Große Zeiten in der Mark

Riesengroß und orange erhebt sich Schloss Gusow ganz neogotisch am Ende der Schlossstraße, allein und wie verloren vor ausgedehntem Park unter hohem Oderbruch-Himmel. Die einstmals barocke Anlage, 1336 schon erwähnt, wurde im Laufe der Jahrhunderte mehrfach umgebaut und sollte in der DDR als Zeugnis der Junkerherrschaft eigentlich abgerissen werden.

Seit 1992 ist das Schloss mit 70 Zimmern und waldähnlichem Park wieder in Privatbesitz, auf einer Auktion für etwa 3 Mio. DM vom Berliner Architekten Peter Engelhardt erworben. Er verpflichtete sich, das Schloss dem Denkmalschutz entsprechend zu restaurieren und es der Öffentlichkeit zugänglich zu machen. In elf Zimmern und auf den Fluren ist Vergangenheit – auf den ersten Blick wie improvisiert – zu besichtigen. 7500

KARTE ▶ H3

Was: Im Schloss Zinnfiguren sehen, im Park spazieren; Gedenkstätte besichtigen

Wo: Gusow; Anf. B 1/5, ab Seelow B 167; Schloss-str. 1, Tel. 0 33 46/87 25;

Seelow, Küstriner Str. 28a; Tel. 0 33 46/5 97

Wann: Museum Apr.–Sept. Di–So 10–18, sonst bis 17 Uhr; Gedenkstätte Apr.–Okt. Di–So 10–17, sonst bis 16 Uhr

Essen & Trinken: Restaurant im Schloss

Web: www.schloss-gusow.de; www.gedenkstaette-seelower-hoehen.de

Zinnfiguren erzählen in scheinbar endloser Folge von der Mark Brandenburg und Preußen: Wisente streifen über Land, Jagdhunde schlagen an und ein verängstigter Hase erstarrt. Thomas Müntzer trifft Martin Luther, bunt berockte Soldaten tragen den toten schwedischen König Gustav Adolf übers Feld. Die wichtigen Kriege sind nachgestellt, Mode aus allen Epochen wird präsentiert, Schlitten verschiedener Zeiten und Jagdtrophäen schmücken die Wände, Uniformen reihen sich aneinander, ein schwarzer Faun verbirgt sich im Erker. Spielzeug, Porzellane, Waffen, Möbel, Urkunden, Bilder sind zu sehen. Erschöpft lässt sich der Gast im Sommer auf der Terrasse, im Winter vor knisterndem Kamin nieder und stärkt sich mit Fontane-Torte.

Hier und da blättert Farbe, Plastikplanen schützen unübersehbar marode Fenster. Wen Nostalgie, Skurrilität und kaum gebannter Verfall zu Überlegungen inspirieren, wie das alles früher ausgesehen haben könnte, der ahnt es, wenn zu Schlosskonzerten im Festsaal Berliner anreisen, Damen mit großen Hüten mit Männern in feinem Tuch. So könnte es auch damals gewesen sein. Heute gibt es Vorträge und Rundfahrten und militärhistorische Veranstaltungen auf Schloss Gusow.

> Nördlich von Lebus um Mallnow bedecken im Frühling Tausende gelbblühender Adonisröschen die Hänge. Die Züge der Ostdeutschen Eisenbahn halten im April und Mai in Schönfließ, damit Fahrgäste zu den Blumen im Oderbruch spazieren können.

Die bedeutende Geschichte des Schlosses beginnt nach dem 30-jährigen Krieg mit dem Bewohner Generalfeldmarschall Georg Freiherr von Derfflinger. Mit ihm, der Oderbruch-Legende, heißt es, habe Preußens Gloria begonnen. Ein »tapferer Krieger und Haudegen« sei er gewesen, so stand es in den Schul- und Geschichtsbüchern, der den Kurfürsten mit seinem Sieg in Fehrbellin zum Großen Kurfürsten machte. Von da an waren Regenten und namhafte Generäle im Schloss zu Gast, bis 1945, als der alte Derfflinger längst spukte.

Wenige Kilometer südlich in Seelow gibt es Militär- ohne Ruhmesgeschichte zu besichtigen. Zu kurz liegt das Frühjahr 1945 zurück, als sich auf den Seelower Höhen und im Oderbruch Hunderttausend Soldaten die größte Schlacht des Zweiten Weltkriegs auf deutschem Boden lieferten, die für den Ausgang des Krieges entscheidend wurde. Aus dem Küstriner Brückenkopf begann die Rote Armee die Berliner Operation. Am authentischen Ort steht die Gedenkstätte – wie ein Gefechtsstand –, in der man vieles über Geschichte und Krieg erfahren kann und wie es kam, dass aus einem fruchtbaren Gemüsegarten am Fluss eine Landschaft wurde, in der heute Steppenblumen blühen.

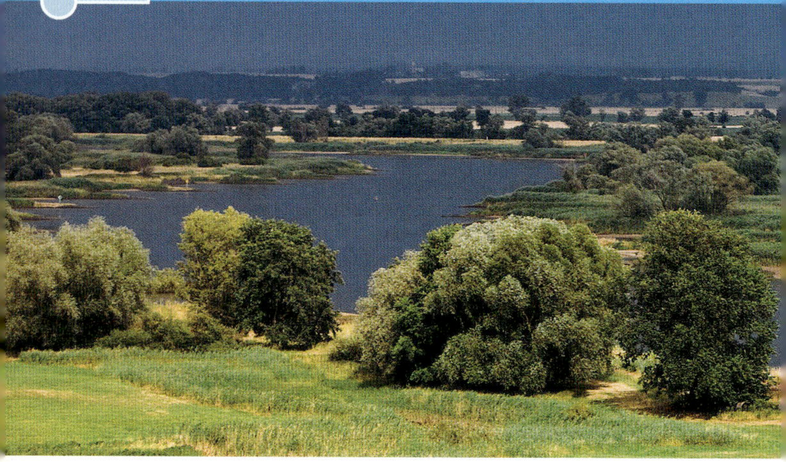

Vier Sterne für einen Geheimtipp

Merkwürdiges Wort: Bahnradweg. Bahn war gestern, von 1912 bis 1994. In den 1960er Jahren zuckelten Studenten hier noch regelmäßig zum Ernteeinsatz. Seit unter Friedrich II. die Oder verlegt und Feuchtgebiete trockengelegt und besiedelbar wurden, war hier die Korn- und Gemüsekammer der Mark entstanden. Aus Fischern wurden Bauern. Die Oderbahn mit Strecken nach Berlin und Stettin transportierte die landwirtschaftlichen Produkte schnell in ihre Zielgebiete. Dann rentierte sich die Bahn nicht mehr. Die Strecken wurden stillgelegt, die Schienen demontiert. Was blieb, ist ein 123 km langer Fahrradweg fernab befahrener Straßen, teilweise auf dem Bahndamm, von Fürstenwalde über Müncheberg am Rande der Märkischen Schweiz bis nach Wriezen im Oderbruch, zu einer einmaligen Kulturlandschaft mit Oderaltarmen und Stillgewässern, streckenweise einsam. Zum Träumen schön.

2008 war die neue Radfahrstrecke fertig, ausgebaut und beschildert und von da an ein Geheimtipp –

KARTE ▶ G3

Was: Fahrradtour
Wo: ab Müncheberg; Anf. B 1/B 5; NE 26 ab Lichtenberg, stdl.
Wann: immer
Essen & Trinken: Gasthaus und Café Alte Schmiede, Heinersdorf; früher Hufbeschlagschmiede, heute Gasthaus mit Feuerstelle, Fahrradstand und Reparaturservice für Radtouristen
Web: www.oderbruchbahn.de; www.mol-t.de/ Oderbruchbahnradweg
Sonstiges: aktuelle Landkarte »Märkisch Oderland/Lebuser Land«, Pietruska-Verlag

Hier hat Friedrich II. eine Provinz ohne Waffen gewonnen. Einen etwas schwermütigen »norddeutschen Charakter« hat Fontane der Landschaft zugeschrieben.

mehr als 5 Mio. Euro waren ausgegeben. Im Sommer 2009 hat der Allgemeine Deutsche Fahrradclub den Oderbruchbahnradweg mit vier Sternen zertifiziert. Der Tourentipp beginnt in Müncheberg, das vom Berliner Bahnhof Lichtenberg in einer halben Stunde zu erreichen ist, und führt über 45 km nach Seelow. Aber Neugierige mögen sich dort nicht bremsen lassen. Müncheberg selbst ist ein verschlafener Ort, dessen Stille die B 1 als Umgehungsstraße bewahrt. 4 km sind es vom Bahnhof ins Stadtzentrum. Wer Rückblicke liebt, steigt auf den 50 m hohen Turm der Schinkelkirche und fährt dann zum östlich gelegenen Kreisverkehr, wo der Behlendorfer Weg zum Oderbruchbahnradweg führt. Zwischen Feldern geht es zum Gut, 1802 nach Schinkel-Plänen erbaut, denkmalgeschützt und unsaniert. Vor Heinersdorf lädt ein See zum Bade.

In Hasenfelde treffen Radfahrer auf den ehemaligen Kreuzungsbahnhof, der vergessen irgendeiner Nutzung harrt. Der schönste Abschnitt dieser Tour beginnt bei Falkenhagen. Hoch über einer Seenkette fuhren die Züge, Fischreiher ziehen ihre Bahn und Kormorane breiten auf kahl geätzten Bäumen die nassen Flügel wie Lumpen zum Trocknen aus. Dann lohnt ein Halt in Lietzen mit der Komturei. Hier hatte sich 1229 der Templerorden niedergelassen, der nicht nur mit der Komturei eine ummauerte Verwaltung für seine Ordensgüter schuf, sondern auch eine Kirche bauen ließ. Die Säkularisierung brachte das Gut 1814 in den Besitz des Fürsten Hardenberg. 1993 bekam die Familie den Besitz zurück und ließ das Gut bilderbuchgleich sanieren. Vorbei an Schloss Diedersdorf erreicht man Seelow auf straßenbegleitendem Radweg.

Für die rasante Abfahrt sollte man mindestens sieben Jahre oder 1,30 m groß sein.

Auf schwingenden Brücken

Ein Wäldchen voller Menschen, die klettern, kichern, rutschen, alle mit Helm, Handschuhen und Sicherheitsgurten ausgestattet, kleinere immerhin schon in beachtlichen 2 m Höhe, also über den Köpfen der neugierigen Zuschauer, und von vielen sieht man gerade noch die Schuhsohlen, bevor sie, 6 m über dem Boden, im Blattwerk verschwunden sind. Da rauscht es plötzlich und schon flitzt jemand auf 60 m Seilrutsche durch die Baumstämme. Climb up heißt das Vergnügen, das 2009 mit dem Tourismuspreis Brandenburg ausgezeichnet wurde.

Im Waldareal, 35 000 m² groß, verbergen sich zwölf Parcours, insgesamt sogar 2,5 km lang, in unterschiedlichen Höhen, lustig oder anstrengend, leicht oder schwierig, mit schwingenden Brücken und wackelnden Stahlseilen und sogar einer Art Sessellift. Der besondere Clou für Sommernächte: Am letzten Samstag des Monats ist Klettern unterm Sternenhimmel erlaubt, bis ein Uhr nachts auf beleuchtetem Parcours.

KARTE ▶ F3

Was: Klettern im Wald
Wo: Strausberg, Sport- und Erholungspark, Landhausstr. 16–18;
Tel. 01 77/7 37 52 55;
S 5 Strausberg

Wann: März, Okt. Mo–Fr 10–18, Sa, So ab 9 Uhr; Apr.–Sept.; Mo–Fr bis 19, Sa, So bis 20 Uhr, Nov. 10–16 Uhr;
Wie viel: Erw. 14 €

(WE 15 €), Kinder bis 14 J. 8 €
Essen & Trinken: Picknickplatz, Natur- und Grillpavillon
Web: www.climbup.de

Hüte und Hufe

Hufe fliegen, Staub wirbelt, Blätter rieseln, Wettscheine knittern in nervösen Fäusten – die Spannung steigt. In der ersten Runde lag Palermo vorn, aber Pepita überholt, nein, es ist nicht Pepita, sondern Vanjura. Damen mit Hüten und Herren mit Westen fiebern auf der schön sanierten Tribüne der Galopprennbahn in Hoppegarten um ihren Einsatz. Familien mit Kindern suchen am Zaun den Platz mit der besten Sicht. Man muss nicht wetten beim Pferderennen, aber man sollte. Wer nur zuguckt, ganz cool, verzichtet auf ein einzigartiges Gemeinschaftserlebnis und natürlich auch auf den Gewinn. Mit einem Euro Einsatz ist man dabei. Sieg, Platz oder Zweierwette? Unerfahrene dürfen am Wettschalter fragen; wem das peinlich ist, der macht sich im Internet schlau. Vanjura, die zweijährige Stute, geht als Erste durchs Ziel,

Jubel auf der Tribüne, zehn Euro für den Sieg bei bescheidenem Einsatz. Bis zu 40 000 Besucher kommen an Renntagen, fast wie früher, ab 1868, als die Gäste noch König Wilhelm I. und Reichskanzler Otto von Bismarck hießen. Schon damals war Hoppegarten ein Treffpunkt aller Schichten.

Wie immer nach jahrelangen Pausen laufen sie wieder.

KARTE ▶ F3

Was: Pferderennen
Wo: Rennbahn Hoppegarten, Goetheallee 1; Anf. B 1/B 5; S-Bahn 5
Wann: Renntage im Internet
Wie viel: Stehplatz 7 €,

Kinder bis 14 J. frei, Familie 11 €, Parken 3,50 €; Tischplatz Haupttribüne/Logenplatz 20–30 €
Essen & Trinken: reichlich Angebote auf

dem Platz
Web: www.hoppegarten.com
Sonstiges: Ponyreiten, Hüpfburg, Kinderwetten, Kinderbetreuung

Botanische Botschaften

Am schönsten ist es im April und im Mai, wenn die Kirschbäume rosa blühen, wenn die violetten Tulpen in ihrem Schatten schon die Blütenblätter verlieren und die Magnolien, vom Wind gerupft, den nahen Sommer ahnen lassen. Ach nein, immer ist es in dem Moment am schönsten, in dem man aus der lauten Stadt in diese große leise Welt tritt, so ganz unberlinisch ohne Hunde und Fahrräder, merk-

würdigerweise oft ohne Kinder. Die Vormittage scheinen den Rentnern zu gehören, die sich im Pavillon im Chinesischen Garten zum Plausch treffen. Sie haben alles schon gesehen und warten darauf, dass der nächste Garten eröffnet wird. Die anderen machen sich auf den Weg durch Asien, den Orient und Europa in vier, fünf oder sechs Stunden. Mit dem Garten des wiedergewonnenen Mondes fing alles an, einem

---

KARTE ▶ E3

Was: Spaziergang und Besichtigung in den Gärten der Welt
Wo: Marzahn, Eisenacher Str. 99; U 5 bis Elsterwerdaer Platz, Bus X 69 bis

Köthener Str.;
Tel. 700 90 66 99
Wann: tgl. ab 9 Uhr bis Einbruch der Dunkelheit; Eintritt 3 €
Essen & Trinken: Teehaus

und Pavillon im Chinesischen Garten, Café Aux Jardins; alle nur Imbisse und kleine Speisen
Web: www.gaerten-derwelt.de

Die Quelle im Paradies ist verborgen, im Alten Testament wie auch im Koran und in diesem orientalischen Garten, der an die Alhambra in Granada erinnert.

Geschenk der Partnerstadt Peking zur Wiedervereinigung der Stadt. In 100 Seecontainern wurden schwere Felsen und filigrane Möbel, Skulpturen und Hölzer nach Berlin gebracht, und Pekinger Gartenarchitekten zauberten in drei Jahren ein Kunstwerk nach Marzahn, den mit 2,7 ha größten Chinesischen Garten Europas, der 2000 eröffnet wurde. Der Wind schaukelt die kleine Dschunke auf dem See vor dem »Berghaus zum Osmanthussaft«, in dem 40 verschiedene Teesorten zubereitet werden.

Im Japanischen Garten des zusammenfließenden Wassers rieselt ein Bach über rund gewaschene Steine zwischen Fächerahorn und japanischer Lavendelheide. Der Zen-Priester Shunmyo Masuno aus Yokohama schuf die künstliche Natur,

die die reale an Schönheit übertreffen soll. Ein typisch balinesischer Wohnhof birgt den Garten der drei Harmonien mit Schreinen und Farnen. Grinsende Totempfähle empfangen Besucher im Seouler Garten mit vier Höfen und aus koreanischer Erde wachsen Bambus, Kiefern und Eichen. Von Mauern umschlossen, beleben Wasserspiele den Orientalischen Garten der vier Ströme, der das Paradies symbolisiert, an die Alhambra erinnert und in dem Granatapfelbäume, Orangen und Zitronen blühen. Einen italienischen Renaissancegarten muss man noch sehen, sich im Labyrinth verirren, die Stauden im Karl-Foerster-Garten und den Quell- und Sprudelgarten bewundern. Aber man kann ja auch wiederkommen.

Einfach und lebens-würdig

Man nannte sie »Spar-siedlungen«. Sie sahen so einfach aus neben dem Stuck der Grün-derjahre, der aller-dings auch nur die Vor-derhäuser schmückte. Seiten- und Gartenflü-gel an eng umbauten Höfen blieben dunkel und muffig, als Berlin während der Gründer-zeit Tausende Woh-nungen für die wach-sende Zahl der Indust-riearbeiter bauen ließ. 2008 wurden sechs dieser Sparsiedlungen, errichtet zwischen 1913 und 1934, in die Liste des Weltkulturerbes aufgenommen. Damit wurde die klassische Moderne, die nicht Se-henswürdigkeit, son-

Heute lockert Farbe die Fassaden auf.

dern Lebensform sein wollte und längst wieder in Misskredit geraten war, rehabilitiert. Zum Beispiel die Ringsiedlung Siemensstadt in Charlottenburg und Spandau, zwischen Heckerdamm, Popitzweg, Jungfernheideweg, Mäckeritz-straße und Goebelplatz.

Der Name Ringsiedlung erinnert an die vergessene, zu ihrer Zeit aber avantgardistische Architektenver-einigung Der Ring, deren Mitglie-der wie Hans Schroun, Walter Gro-pius und Hugo Häring dem Neuen

KARTE ▶ E3

Was: Weltkulturerbe Sie-mensstadt besichtigen
Wo: Charlottenburg und Spandau, zwischen Heckerdamm, Popitzweg, Jungfernheideweg, Mäckeritzstr. und Goe-belplatz; U 7, Siemens-damm
Wann: immer, Führung nach Vereinbarung ab 4 Personen; Karl H. P. Bie-nek, Tel. 3 81 75 07; E-Mail: info@bnktxt.de
Web: www.siemensstadt.de
Sonstiges: Weitere Welterbe-Siedlun-gen: Hufeisensiedlung Neukölln (Britz), Großsiedlung ab

Bauen schon viele Impulse gegeben hatten und hier planen und die Bauten ausführen konnten. Gute, helle Wohnungen auch für arme Leute, hieß das Credo, oder luftig, grün und sonnendurchflutet. Das bedeutete neue Siedlungsformen, immer am Stadtrand mit rationalisierten Grundrissen, genormten Bauteilen, neuen Bautechniken. Die neuen Wohnungen mussten schließlich bezahlbar sein.

So entstanden Wohnungen, 48 bis 70 m² groß, mit Bad und Innentoilette, Zentralheizung und Warmwasserversorgung, Balkon, Loggia oder Sonnenterrasse – alles keine Selbstverständlichkeiten vor 100 Jahren in einer Stadt, in der Wohnungen mit Ofenheizung und Toiletten auf halber Treppe bis heute existieren. Zum Wohnkomfort gehörten auch »Gasherd mit vier Kochstellen und Bratröhre, Ausguss, Speiseschrank, Spülbecken mit Tropfbrett«. Und pflegeleichte Lino-

leum- oder Terrazzofußböden.

Zwei- bis fünfgeschossige, vorwiegend viergeschossige, architektonisch in sich geschlossene Zeilenbauten unter Flachdächern sieht der Besucher heute noch, von Grün und Gartenanlagen optisch wie baulich voneinander getrennt. Die Fassaden auf schmalem Ziegelsockel sind hell verputzt, und, das ist heute so neu wie gestern, nicht immer ist die Vorder- die Schauseite. Die Wohnungen sind heute so gut wie damals.

Solche Balkone baute nur Hugo Häring.

»Rote Front« Fritz-Reuter-Allee, Buschkrug- und Parchimer Allee.
Weiße Stadt Reinickendorf an Aroser Allee, Baseler, Bieler, Emmentaler, Genfer und Gotthardstr., Romanshorner Weg, Schillerring, Sankt-Gallener-Str.
Siedlung Schillerpark in Mitte (Wedding) an Barfußstr., Bristol-Corker, Dubliner, Oxforder und Windsorer Str.

Gartenstadt Falkenberg (Tuschkastensiedlung) in Treptow-Köpenick (Bohnsdorf) am Akazienhof, Am Falkenberg und Gartenstadtweg

Raus zum Feiern

Jeder Hund ist anders. Der eine blinzelt nur verschlafen, der andere tanzt mit, als hätte er nur auf Anregung zu neuen Bewegungsmustern gewartet. Die Musik kommt vom Fahrrad, genauer: von der selbst gebauten DJ-Station, gespeist von einer Autobatterie und mit dem Rad transportiert. Damit kann man schnell weg, falls die Polizei kommt oder das Ordnungsamt. Ob die Freiluftraves illegal sind? Genau weiß das keiner. Es gibt kein Schild: Tanzen oder Musikmachen verboten. Mancher mag sich das wünschen, dann hätte die Veran-

KARTE ▶ E3

Was: Tanzen im Park
Wo: Mauerpark, Hasenheide, Tiergarten, Görlitzer Park, Insel der Jugend
Wann: meist Sa ab 14 und So ab 10/11 Uhr, hin und wieder abends

Web: http://be-cycle.blogspot.com
Essen & Trinken:
Café am Neuen See, Lichtensteinallee 2; Tel. 2 54 49 30; Biergarten im Tiergarten,

im Sommer tgl. 10–24 Uhr, im Winter nur WE; Mauersegler, Bernauer Str. 63, Tel. 97 88 09 04; Biergarten in Prenzlauer Berg; Apr.–Okt. tgl. ab 10 Uhr

Gut zwei Dutzend Parks in der Innenstadt werden an Sommerwochenenden bespielt.

staltung den Ruch des Subversiven. So aber wird nur um die Lufthoheit im Park musiziert. In Hörweite geben Afrikaner, umringt von schlagkräftigen Schülern, einen Trommelkurs. Die Hasenheide ist groß, am nächsten Sonntag findet der DJ einen besseren Platz zwischen Biotop und Schwulenwiese, da gibt es Schatten und man braucht keinen Sonnenschirm über dem Plattenteller.

Der Mauerpark ist problematischer, manchmal tritt eine Live-band am Mauersegler auf und nachmittags ist Salsatanzen angesagt. Was im Jahr zuvor nur Eingeweihte per SMS erfuhren, ist heute in einschlägigen Internetforen zu finden und damit fast offiziell. Und so mehren sich die Raves; Open-Air-Partys gibt es im Görlitzer Park, im Tiergarten wie in der Rummelsburger Bucht. Sie machen den Freiluftbereichen der Klubs Konkurrenz und den Feiern in Hinterhöfen und Gärten. Vielleicht sind sie wirklich verboten und darum so beliebt.

Mächtige Töne

Es ist fast ein wenig feierlich. Wie in einem Konzertsaal. 800 Instrumente aus fünf Jahrhunderten stehen herum, allein, keiner spielt sie. Plötzlich ein schriller Ton. Es knirscht in den Ohren. Doch – einer spielt, Menschen stehen um ihn herum, eine Führung. So bewegt sich das Grüppchen durch den weiten Raum, von den Trompeten zu den Flöten – aus dem Besitz des Alten Fritz –, weiter zu den Geigen, den Cembali, den Orgeln. An vielen Instrumenten stehen Nummern, und wer sich an der Kasse einen Audioguide mitgenommen hat, erlebt dieses Museum anders. Eine Nummer gedrückt, und nach kurzer Information ertönt ein Klangbeispiel. Bei den Streichinstrumenten und bei den Tasteninstrumenten – es gibt Reiseklaviere! Und eins mit Nähkästchen! Und liebevoll bemalte ... – kann man Musikstücke vollständig hören. Und so sitzt hier und da jemand auf bequemen Polstern oder auf der Fensterbank und träumt der Musik nach.

Aber wenn Samstag ist, kurz vor 12 Uhr, versammeln sich alle vor Mighty Wurlitzer, der Kinoorgel aus Stummfilmzeiten, und warten darauf, dass einer in die Tasten greift, und schon fährt eine Eisenbahn durch den Raum, Vögel zwitschern und Soldaten marschieren. Über dem Pianisten öffnen und schließen sich die Klappen der Windkammern wie von Zauberhand.

Spieltisch der Mighty Wurlitzer.

KARTE ▶ E3

Was: Alte Musikinstrumente hören und sehen
Wo: Musikinstrumentenmuseum, Kulturforum, Eingang Ben-Gurion-Str.;
Tel. 25 48 11 78

Wann: Di, Mi, Fr 9–17, Do 9–22, Sa, So 10–17 Uhr; Führungen Do 18, Sa 11 Uhr
Wie viel: 4 €, bis 16 J. und Do ab 18 Uhr frei

Essen & Trinken:
Weilands Wellfood, Marlene-Dietrich-Platz 1;
Tel. 25 89 97 17; Mo–Fr 9–22, Sa, So 10–22 Uhr
Web: www.mim-berlin.de

Fernost in vier Hallen

Bei Nachfrage wird der Großhändler auch schon mal zum freundlichen Einzelhändler.

Die Umgangssprache im Dong Xuan Center (Frühlingswiese) auf dem Gelände des ehemaligen VEB Elektrokohle ist Vietnamesisch. Fernost ist ganz nah. In den Hallen asiatischer Glitzer, Schmuck und Kunstblumen in überwältigender Vielfalt, Stapel mit traditionell geschnittenen Hosen, Pullovern, Röcken, Jacken, Hemden und an den Gängen Torsi, die Aktuelles zeigen. Mangos in rauen Mengen, Bittergurken, Okraschoten, riesige Duftreissäcke, Gewürze; in den Lebensmittelläden treffen sich die Anwohner. 13 000 Vietnamesen leben in Berlin, 60 000 waren als Vertragsarbeiter in DDR-Betrieben beschäftigt. Hunderte haben hier Arbeit im Großhandel gefunden. Händler aus Polen, Tschechien, Belgien holen Ware für heimische Märkte ab, essen hier für uns fremde Gerichte, gehen zum Friseur, zur Fahrschule oder zum Rechtsanwalt.

KARTE ▶ E3

Was: Fernost in vier Hallen bei 200 Händlern schnuppern, einkaufen
Wo: Lichtenberg, Herzbergstr. 128–139; Tram M 8
Wann: Mi–Mo 11–20 Uhr

Essen & Trinken: die meisten Restaurants in Halle 2, im Sommer auch draußen
Sonstiges: ITC Pacific Center heißt ein anderes asiatisches Großhandelszentrum in Marzahn,

Marzahner Str. 17, mit mehr als 100 Händlern und Herstellern. Hier werden Möbel und Haushaltstextilien, Damen- und Herrenmode, Lebensmittel und Elektroartikel angeboten.

Zeitreise im Grünen

Es ist ein verblüffender Weg, dieser Pankeweg, einer der 20 grünen Hauptwege durch Berlin von der Mündung der Panke in die Spree bis zur Quelle in Bernau. Eine kleine Zeitreise mitten durch den dicht bebauten Norden der Stadt, ein Weg durch den Wedding, der fast nichts von der Enge und vom Trubel der Umgebung verrät, dafür umso mehr von der Geschichte, die am Ufer in Gestalt geheimnisvoller Mauern, verlassener Fabriken, zerbrochener Fenster, vorwitziger Birken und zum Teil kunstvoller Graffiti erhalten ist.

Wie die Panke in die Spree kommt, ist das erste Geheimnis des Bundesnachrichtendienstes in Berlin. Hohe Sichtschutzwände halten alles um den Neubau des Hauptquartiers verborgen. »Schiffbauerdamm Nummer zwee fließt die Panke in die Spree«, heißt es, aber das stimmt so nicht. Der 27 km lange Flusslauf von Bernau durch Pankow und Wedding endet in einem Vorbecken des Nordhafens am Berlin-Spandauer Schifffahrtskanal. So kann die Tour erst im Grünzug zwischen Liesen- und Schulzendorfer Straße auf der Walter-Nicklitz-Promenade beginnen. Die erinnert

an den Weddinger Baustadtrat (1951–1971), dem der Ausbau des fast 25 ha großen Grünzugs an der Panke zu verdanken ist.

Nichts erinnert mehr an die Mietskasernenbebauung, die die Panke zwischen den Hinterhöfen durchfloss, und man kann sich kaum vorstellen, dass dies Flüsschen 1888 das Fundament eines Hinterhauses in der Schulzendorfer Straße mit sich riss. Jogger und Hunde teilen sich das Grün.

Hinter der Gerichtsstraße ändert sich das Bild, die Panke windet sich im rot eingemauerten Kanal um Ruinen, und eine Leiter im flachen Fluss lässt ahnen, dass die künstlerische Wandgestaltung noch nicht vollendet ist. Eine neue Fußgängerbrücke, eine Durchfahrt durch einen Gewerbehof, eine ehemalige Wäschefabrik, und rechts die Ruine der »Wiesenburg«, ein Männerasyl von 1896, so schön verfallen, dass es für den Film »Die Blechtrommel« als Kulisse taugte.

Hinter der Ringbahnbrücke an der Pankstraße steht mit klassischer Backsteinfassade und mit buntem Fries das erste Gymnasium Weddings von 1887. Schon fließt die Panke durch den ehemals Roten

---

KARTE ▶ E3

Was: Auf dem Pankeweg durch den Wedding wandern oder radfahren
Wo: U-Bahn Reinickendorfer Str. bis S-Bahn Blankenburg; Übersichtskarte »Berlin − 20 grüne Hauptwege«, Weg 5, Nord-Süd-Weg
Wann: jederzeit
Essen & Trinken: Café Rosenstein im Bürgerpark Pankow; Sommer tgl. 10–24 Uhr, sonst Sa, So 12–20 Uhr
Web: www.panke.info
Sonstiges: Alte Bäckerei, Museum für Kindheit in Pankow; Wollankstr. 130; Tel. 4 86 46 69; Di 11–17 Uhr oder nach Anmeldung

Der 12 ha große Bürgerpark Pankow, zuerst Privatbesitz, ist heute für alle da.

Wedding, dort wo 1929 Straßenschlachten ausgetragen wurden. Dann, an der Uferstraße, die Reste der 1989 geschlossenen Rotaprint-Fabrik, um deren künstlerische Nutzung ein Verein kämpft. Das Amtsgericht, mit dem Rücken zur Panke, ist der Albrechtsburg in Meißen nachempfunden. Hinter der Badstraße mit dem prächtig-bunten Luisenbad, wo einst eine eisenhaltige Quelle sprudelte, quert man den Soldiner Kiez, dann scheint die Stadt zu Ende, endlose Kleingärten und schließlich, unter der Bahn, die doppelte Kopfsteinpflastermarke »Berliner Mauer«. Hinter dem Spielplatz rechts beginnt schon der Pankower Bürgerpark, dem folgt der Schlosspark, dann sind es noch 5 km bis zu den Blankenburger Teichen.

Nur spielen, immer und überall

Speedminton können Sportliche auch auf Hausdächern spielen.

Wenn gelbe Sternschnuppen durch die Nacht pfeifen und fluoreszierende Figuren im Schein ei-

ner Schwarzlichtquelle zucken, rufen Ängstliche schon mal die Polizei. Das ist nicht nötig, sie spielen nur. Nachts heißt es Blackminton, am Tag spielt man Speedminton, erfunden hat es Bill Brandes 2002 in Berlin. Sportliche von New York bis Nordkorea kennen es, und wie es funktioniert wissen sie sowieso, es gibt Meisterschaften.

»Vergiss Federball«, sagen sie, aber damit fing alles an. Federball bzw. Badminton ist zu langsam und zu windempfindlich. Speedminton wird mit einem leichten Schläger und einem Ball gespielt, der Speeder heißt, kleiner, schwerer und schneller ist, also schnell wie Squash und mit einer Anmutung von Tennis, nur ohne Netz. Man spielt es auf Wiesen, in Wüsten, am Strand, in Berlin in der Hasenheide, im Mauerpark, vor dem Reichstagsgebäude und im stillgelegten Schwimmbad, jede Mehrzweckhalle eignet sich. Die Regeln sind einfach, den Court legt man sich selbst, das Spiel ist schweißtreibend, der Ball kann bis zu 290 km/h erreichen. Jemand hat ausgerechnet, dass man dabei bis zu 1000 kcal in einer Stunde verbraucht.

KARTE ▶ E3

Was: Speedminton spielen
Wo: überall, oft vor dem TiB am Columbiadamm in Tempelhof und in der FHTW-Halle an der Allee der Kosmonauten; Info:

Speedminton Gekkos, Paul-Lincke-Ufer 8c; Tel. 0 30/69 56 77 40
Wann: wenn Platz ist
Web: www.gekkos-berlin.de

Sonstiges: Badminton-Freunde finden Platz (11 Doppelfelder) und Schule im SEZ, Landsberger Allee 77 (Friedrichshain); Tel. 4 00 48 90

Draußen oder Karibik

Der Strand liegt zwischen Nord-bahnhof und Schwartzkopfstraße in der größten innerstädtischen Beachsportanlage namens Beach-Mitte mit 60 Volleyballfeldern und einem Beachsoccerfeld. Trotz-dem: Sommer, gute Laune und Lust zum Spielen reichen nicht. Es ist immer voll und Voranmeldung empfohlen. Flutlicht sorgt dafür, dass Unermüdliche bis 22 Uhr baggern und pritschen und im Biergarten Spielzüge analysieren können. Aber irgendwann im Sep-tember steht das Bye-Bye-Sum-mer-Turnier auf dem Programm, und dann ist Schluss, aber nur draußen. Im Indoor-Beach-Center in Reinickendorf geht es weiter, mit Soccer, Handball, Volleyball. Warm, weil beheizt, ist der fein-körnige Sand unter den Füßen, und Palmen spielen Karibik. Scheint doch noch die Sonne, dann kann man drei Outdoor-Courts nutzen mit angrenzender Strandterrasse.

Bis zu zwölf Personen können sich einen Court mieten und dann spielen.

KARTE ▶ E3

Was: Beachball spielen
Wo: Beach-Mitte, Caroline-Michaelis-Str. 8, Tel. 01 77/2 80 68 61; Indoor-Beach-Center, Königshors-ter Str. 11–13

Wann: Sommer tgl. 10–22 Uhr, Winter tgl. 10–24 Uhr
Wie viel: Indoor 20–30 €, Outdoor 10–15 €, je nach Tag und Zeit
Essen & Trinken: Bars

drinnen und draußen; Alpenstück, Gartenstr. 9; Tel. 21 75 16 46; tgl. ab 18 Uhr. Süddeutsche Küche
Web: www.beachberlin.de

Die 15 m hohen Kletterwände kann man auch bei Regen, Wind und Schnee erklimmen.

Magische Berge

Die Kletterwand ist steil, für Anfänger hat sie bunte Nasen, für Erfahrene Griffe, an denen sich Kletterer hochhangeln und Freeclimber kraxeln, Training für den nächsten Ernstfall am Berg, der höchstes Glück verheißt. Anfänger erproben sich in Einsteigerrouten, und wer im Dreier oder Vierer-Sicherheitsbereich Freude daran verspürt, nichts als Luft unter den Sohlen zu fühlen, ist für ein neues Hobby gewonnen und braucht nur noch einen Sicherungspartner.

KARTE ▶ E3

Was: Klettern drinnen und draußen
Wo: Magic Mountain Kletterhallen, Böttgerstr. 20–26; Tel. o 30/88 71 57 90; U-/S-Bahn Gesundbrunnen

Wann: Mo, Di, Mi, Fr 12–24, Do 10–24, Sa, So, feiertags 10–22 Uhr;
Wie viel: 14 €
Essen & Trinken: Café, Internetcafé, Biergarten mit Blick auf den Humboldt-hain
Web: www.magicmountain.de
Sonstiges: Kletterpartner kann man auf der Homepage online suchen

»Absturz« am Alex

Der erste Schritt, sagen sie, soll Überwindung kosten. Man hängt am Seil, fast waagerecht, wie beim Drachenfliegen. Aber da ist kein Drachen. Dann fällt man praktisch von allein, sieben Sekunden lang, 98 m tief, nicht auf den Alexanderplatz, sondern auf das Vordach des Hotels Park Inn Berlin-Alexanderplatz, 2 m über dem Boden. Warum macht man das? Es ist der Adrenalin-Kick beim freien Fall, sagen die Veranstalter. Ganz frei ist der Fall nicht, der Springer soll schließlich aufgefangen, das heißt gebremst werden, bevor er dem Boden zu nah kommt. Ein spezielles Windenabseil-System befördert den Flieger mit nahezu Freifallgeschwindigkeit kontrolliert nach unten. Kurz vor der Landung erfolgt eine vollständige und sanfte Abbremsung aus bis zu 90 km/h, abhängig vom Körpergewicht, bis zum Stillstand. Die Bremsung ist sanft, aber man spürt sie in den Gurten.

Nebenan in der Lounge auf dem Hoteldach, bequem im Liegestuhl und mit einem Glas Sekt in der Hand, warten Neugierige in der Nachmittagssonne darauf, dass die junge Frau im weißen Overall losfliegt. Wenig später ist sie wieder da, die Wangen gerötet, und strahlt: »War toll!« Vom Sturzflug hat keiner hier oben etwas gesehen, nur die Jungen unten auf dem Alex, ganz neidisch.

Die eigentliche Freude am freien Fall.

KARTE ▶ E3

Was: Base Flying vom Hoteldach am Alex am Alex
Wo: Hotel Park Inn Berlin-Alexanderplatz, Tel. 01 80/5 60 60 88
Wann: Sa–So 10–19 Uhr, gelegentl. Nachtflug 19–22 Uhr
Wer: ab 16 J. (bis 18 mit Einwilligung), Gewicht 50–110 kg, gesund
Wie viel: 99 €, Flugdokumentation auf USB-Stick für 19 €
Essen & Trinken: Thai Inside, Dircksenstr. 37; Tel. 24 72 43 71; tgl. 12–24 Uhr
Web: www.Jochen-Schweizer.de/Base-Flying

Stadturlaub

Am Oststrand hinter Mauer und Bretterzäunen an der Mühlenstraße schaufeln Menschen selbstvergessen Löcher in den Sand, manchmal steht jemand auf, um ein Getränk zu holen, eine Palme weht im Wind neben dem Steg auf ein Schiff, das nicht ablegen wird. Aber deswegen sind die Passagiere am Nachmittag oder Abend hier, reden in allen Sprachen, genießen die Ruhe, lassen sich sanft in der Spree wiegen. Manchmal kommen Japaner und bannen die merkwürdige Freizeitbeschäftigung auf die Chips ihrer Kameras.

Sonne, Sand und Wasser vermögen auch notorisch muffelige Berliner in freundliche Mitmenschen zu verwandeln, und so ist es nicht verwunderlich, dass die Stadt sich zur Hauptstadt der Beach-Kultur entwickelt hat. Nach dem Bundespressestrand fragen Touristen schon, wenn sie ankommen, aber es soll ja mindestens 25 Stadtstrände geben, und nicht alle sind so leicht zu entdecken wie der Capital Beach am Hauptbahnhof mit Platz für 800 Sonnenhungrige in Strandkörben und Liegestühlen, wo man sich zwischen 60 Cocktails entscheiden muss und von Donnerstag bis Sonntag allnächtlich DJs auflegen. Noch, denn Baugruben am Bahnhof lassen bald – vielleicht lärmempfindliche – Nachbarn erwarten.

Mediaspree bedroht auch manchen Strand hinter der East Side Gallery, Entwicklungspläne für 3,5 km mit Medienunternehmen zu beiden Seiten des Flusses. Die Initiative

KARTE ▶ E3

Was: Strandbars genießen oder sie per Fahrradtour finden
Wo: Geführte Radtour ab KulturBrauerei, Prenzlauer Berg; Tel. 43 73 99 99; U 2; Bundespressestrand, Kapelleufer 1; Capital Beach, Ludwig-Erhard-Ufer; Oststrand, Mühlenstraße; Strandgut, Mühlenstraße; Playa Paradiso, Goslarer Ufer 1–15; Oranke Orange, Karl-Marx-Allee 93; Deck 5, Schönhauser Allee 80; Beach Park 61, Yorckstr. 35; The Beach at the Box, Englische Str. 21–23; Cap Rivi, Am Spreebord/Ecke Sömmeringstr.; Ku´damm Beach, Halen-

Die Mutter aller Berliner Strandbars befindet sich im Monbijoupark.

Stadt sucht, findet sie vielleicht bei einer geführten Fahrradtour. 300 Tonnen Sand, 2000 Quadratmeter Strand und Liegestühle heißen in Charlottenburg, am Treffpunkt von Spree und Charlottenburger Verbindungskanal, Playa Paradiso. Familien und Freunde treffen sich zum Feierabendbier, Sportliche nutzen das Beachvolleyball-Areal. Oranke Orange in Friedrichshain erwartet Sun-Chiller jeden Alters mit Sand, Strandliegen und -körben. Wasser aber sprudelt hier zwischen Bäumen und Büschen nur aus einem Springbrunnen. Freiluftrebellen auf Deck 5, dem ehemaligen Parkdeck der Schönhauser Allee Arkaden, begnügen sich mit Palmen und spektakulären Sonnenuntergängen. Nur gewiefte Pfadfinder gelangen zum Beach Park 61 in Kreuzberg. The Beach at the Box ist dagegen leicht am Spreeufer in Tiergarten zu finden und sieht sich als Alternative zum feinen Resort im Indischen Ozean mit Quarzsand, Strohschirmen und Yogarunden. Cap Rivi gibt es noch, Ku´damm Beach, Funkpark und viele andere ...

»Mediaspree versenken«, in Kreuzberg sozialisiert, kämpft für ihre älteren Rechte am Ufer. Langfristige Planungen und insolvente Investoren versprechen Aufschub. Dennoch ist Strand keine bedrohte Art in Berlin, wer die versteckten Idyllen und einen Urlaubsort in der

see, Königsallee 5b; Funkpark, Nalepastr. 10 **Wann:** Ende März–Ende Sept. **Web:** www.berlinonbike.de; www.bundespresse-strand.de; www.capital beach.eu; www.ost-strand.de; www.strandgut-berlin.com; www.wehofer-restaurants.de; www.sun-chiller.de; www.freiluftrebellen.de; www.beach61.de; www.boxberlin.com; www.caprivi-berlin.de; www.la-forchetta-berlin.de; www.funkpark-berlin.de

Auf Mauerspuren

Es gibt noch Postkarten, auf denen man sehen kann, wie die Mauer das Brandenburger Tor umrundet. Wer auf dem Mauer-Radweg unterwegs ist, hat hier den letzten Kilometer erreicht und rollt über die Ebertstraße, die es zur Zeit des Mauerfalls noch nicht gab, auf den Potsdamer Platz zu. Wo aus einer Hasenwiese ein neues Quartier wuchs und die Architektur des beginnenden Jahrtausends prophezeit wurde, fragen nicht nur Touristen, ob hier nun Osten oder Westen sei. Hier ist jede Antwort richtig, und hier beginnt und endet ein 160 km langer Weg um West-Berlin. Nur die innerstädtische Grenze ist auf gut 40 km durch eine Doppelreihe Kopfsteinpflastersteine im Straßenasphalt mit der Inschrift »Berliner Mauer 1961–1989« markiert.
In 14 Abschnitte eingeteilt, jeweils 5 bis 20 km lang, führt der Mauerweg als abwechslungsreiche wie geschichtsträchtige Route an bekannten Plätzen vorbei, deren Namen für wichtige historische Ereig-

Nur mit dem Rad darf heute jeder durch das Brandenburger Tor fahren.

Was: Auf dem Mauerradweg Geschichte erkunden, allein oder mit StattReisen; Tel. 4 55 30 28
Wann: jederzeit mit Radtourenbuch »Berliner Mauer-Radweg«
Wo: ab Potsdamer Platz, Warschauer Str., Schöneweide, Lichtenrade, Griebnitzsee ...
Web: www.berlin.de/ mauer/mauerweg; www.stattreisenberlin.de; www.esterbauer.com
Sonstiges: Die Bernauer Straße ist der einzige Ort in Berlin, an dem ein Ab-

nisse stehen: Checkpoint Charlie, Bernauer Straße, Invalidenfriedhof, aber auch »Parlament der Bäume gegen Krieg und Gewalt« von Ben Wargin, schon kurz nach dem Mauerfall geschaffen und dann als Kunstwerk in die Bundesbauten im Spreebogen integriert.

»Die Mauer muss weg« hieß die Parole nach der Grenzöffnung, Berlin wollte sie nicht mehr sehen, und so verschwand sie Stück für Stück. Die Oberflächen wurden von Mauerspechten abgepickt, verschenkt und verscherbelt, bis ehemalige Grenzstreifen bebaut wurden oder sich von allein begrünten, bis selbst alteingesessene Berliner nicht mehr wussten, wo sie verlief. 2001 lud Michael Cramer zu Mauerstreifzügen per Rad ein, das Echo war enorm, und das hatte Folgen. Zum 40. Jahrestag des Mauerbaus beschloss der Berliner Senat, alle noch vorhandenen Mauerreste unter Denkmalschutz zu stellen, den Verlauf der Mauer zu kennzeichnen und die Route fahrradfreundlich zu gestalten.

Längst führt sie durch die schönsten Grüngebiete der Stadt, an den letzten DDR-Wachtürmen und Mauerresten vorbei, an Osman Kalins exterritorialem türkischen Garten am Bethaniendamm und an Fluchttunneln. Die Wegweiser, rechteckig in Grau und Weiß, zeigen ein Stück Mauer und einen Wachturm dahinter. Cramer hat die Ereignisse, die mit einzelnen Strecken verbunden sind, in seinem Rad-Reiseführer aufgezeichnet. Die Mauertouren gehören aber auch zum Programm der geführten StattReisen.

Die East Side Gallery ist als Touristenattraktion stehen geblieben.

schnitt der Grenzanlagen mit allen seinen Einrichtungen, mit Grenzmauer, Todesstreifen, Postenweg, Peitschenlampen und Hinterlandmauer, erhalten wurde. Der Grenzstreifen steht auf 212 m zwischen Ackerstr. und Bergstr. seit 1990 unter Denkmalschutz. Zum Ensemble gehören ein Dokumentationszentrum und die Kapelle der Versöhnung, Ersatzbau und Mahnmal für die im Mauerstreifen gesprengte Versöhnungskirche.

Unter 64 Brücken durch die Stadt

Aus dem Oberlausitzer Bergland in Sachsen kommt die Spree, fließt fast 400 km bis zur Mündung in die Havel in Spandau, ist auf 182 km schiffbar und in Berlins Mitte fast dichter befahren als die Straßen ringsum. Die Schiffe Dutzender Reedereien sind in der Saison spreeauf und -ab unterwegs, schnelle Boote flitzen zwischen ihnen hindurch und Schubkähne transportieren Sand und Steine zu Baustellen oder von ihnen weg.

Diese Fahrt unter 64 Brücken hindurch beginnt am Märkischen Ufer, dort, wo der rote Turm des Märkischen Museums aus den Bäumen ragt. Maxi und Schnute, die beiden Berliner Stadtbären, leben in einem Zwinger dahinter. Historische Schiffe liegen im nahen Museumshafen. Schon nach wenigen Metern, in der Mühlendammschleuse, wird das Schiff um 1,6 m abgesenkt. Im 13. Jh. hat hier der Mühlendamm den Wasserstand der Spree geregelt, die erste Verbindung zwischen Teilen der Doppelstadt Berlin-Cölln. Nikolaiviertel und Dom ziehen vorbei und die Museumsinsel. Die goldene Kuppel der Synagoge strahlt. Schon schwimmt das Schiff durch das Regierungs-

viertel. Riesig sind die Gebäude aus der Entenperspektive, Touristen treffen sich auf den Treppen zum Wasser. Dem Hauptbahnhof gegenüber genießen Leute in Liegestühlen die Wasserlage, der Wind schickt Saxofontöne vom Ufer herüber, schon sind Bundeskanzleramt und Haus der Kulturen der Welt vorbei.

KARTE ▶ E3

Was: Brückenfahrt, 3,5 Std.; Erw. 16, Kinder (6–14 J.) 8 €
Wo: 23 km auf Spree und Landwehrkanal ab Anleger Märkisches Ufer, U 2 Mär-

kisches Museum; U 8 Jannowitzbrücke
Wann: Mitte März–Okt. tgl. ab 10.30 und 14.30 Uhr
Essen & Trinken: Angebot auf den Schiffen

Web: www.reederei-riedel.de
Sonstiges: Stadtkern- und Winterfahrten s. Homepage

Auch schöne Uferpromenaden begleiten die Spree durch das Regierungsviertel.

Es wird ruhiger, der Verkehr hat abgenommen. Schloss Bellevue blitzt weiß zwischen Büschen, dann kommt schon das Hansaviertel, im Wettbewerb der Systeme als Antwort auf die Stalinallee im Osten geplant. Fabrikgebäude, reich ornamentierte Gründerzeithäuser folgen, in den Glasfassaden großer Bürohäuser spiegeln sich die Wolken, am Spreekreuz biegt das Schiff in den Landwehrkanal.
Begonnen wurde sein Bau um 1830, um die viel befahrene Spree zu entlasten. Aber erst 1845 bis 1850 ist er unter Leitung Lennés

fertig geworden. Auf 10,6 km verbindet er die Unterspree in Charlottenburg mit der Oberspree an der Schlesischen Straße. Schmal ist die Wasserstraße, unter den niedrigen Brücken flimmern Wellen im Sonnenlicht, Studenten des Hochschulviertels lernen am Ufer. Im großen Tiergarten, wo die Gäste des Schleusenkrugs am Ufer zugesehen haben, wie sich das Schiff in der Unterschleuse um 1,40 m in ihr Blickfeld hob, warten hinter den Zäunen des Zoologischen Gartens schon dessen neugierige Bewohner. An der Lichtensteinbrücke wird mit einem Denkmal Rosa Luxemburgs gedacht, deren Mörder ihre Leiche nach einem Verhör 1919 in den Kanal geworfen hatten. Kulturforum und Potsdamer Platz liegen links am Weg und der Rosinenbomber auf dem Technikmuseum scheint zu fliegen – eine schöne Strecke unter Trauerweiden für Romantiker. Auf der Wiese am Kreuzberger Urbanhafen erholen sich die Patienten des riesigen Krankenhauses von ärztlicher Fürsorge, Restaurant- und Theaterschiff ankern am Ufer. Schon trennt der Landwehrkanal Kreuzberg vom hippen Kreuzkölln, wie der Norden Neuköllns jetzt genannt wird, und in der Oberschleuse an der Lohmühleninsel fährt das Schiff 30 cm abwärts, bevor es wieder in die Spree einbiegt zu Oberbaumbrücke und East Side Gallery. Strandbar reiht sich an Strandbar, das Radialsystem folgt und schon ist das Märkische Ufer wieder erreicht.

Die »Touristenlinie« nutzen auch Taschendiebe und steigen nach getaner Arbeit aus.

Gute Aussichten

Wer meint, schon alles zu kennen, sollte im Doppeldecker oben sitzen, ganz vorn. Dann rauschen schon mal die Blätter einer Baumkrone ganz nah vorbei, aber Über- und Einblick sind garantiert und ein neuer Blickwinkel auf die Stadt un- vermeidlich. Wer an der Gedächtniskirche einsteigt, die Wilhelm II. zu Ehren seines Großvaters 1891 bis 1895 bauen ließ, hat gute Chancen, denn hier beginnt die Tour und führt am Zoologischen Garten vorbei, wo auf 35 ha neben

KARTE ▶ E3

Was: Fahrt durch die Stadt auf der Touristenlinie 200
Wo: ab Hertzallee, Zoologischer Garten, Hardenbergstr. ...
Wann: tgl., eine ganze

Tour dauert ca. 44 Min.
Essen & Trinken: vorher und nachher, aber nicht im Bus
Web: www.bvg.de
Sonstiges: Kaiser-Wilhelm-

Gedächtniskirche, Breitscheidplatz; die Kirchenruine ist Gedenkstätte, die neue graue gegenüber lohnt den Besuch wegen der 33 000 blauen Glas-

Star-Eisbär Knut über 15 000 Tiere in etwa 1400 Arten Besucher unterhalten. Es wird keine Ku´damm-Fahrt. An den Nordischen Botschaften, die sich einen gemeinsamen Gebäudekomplex hinter den Lamellen eines grünen Kupferbandes teilen, führt die Strecke vorbei und die Tiergartenstraße am alten Diplomatenviertel entlang. Schöne schattige Spazierwege sind angelegt, spannender aber sind die Botschaften gegenüber, die nach dem Mauerfall aus mehr oder weniger romantischen Ruinen entstanden sind: neoklassizistisch die Japaner, monumental der rosa Palast der Italiener, das Erdgeschoss mit römischem Travertin verkleidet, leuchtend roter Sandstein aus Rajasthan ziert die indische Botschaft, und hinter grüner Kupferhaut, wie ein architektonisches Ausrufezeichen, die österreichische Botschaft an der Ecke Stauffenbergstraße.

Am Kulturforum geht es vorbei und gleich zum Potsdamer Platz. Vom ziegelroten Kollhoff-Hochhaus mit den goldenen Zinnen könnte man den Bahn-Mitarbeitern im runden Glastower gegenüber auf die Schreibtische gucken und bis zum Reichstagsgebäude. Der schnellste Lift des Kontinents saust in 20 Sek. in den 24. Stock. Nach 16 Min. ist der Bus schon Unter den Linden eingebogen, lässt Staatsoper rechts und links Lustgarten liegen, fährt über Schlossbrücke und Alexanderplatz nach Prenzlauer Berg und zum Volkspark Friedrichshain, als bürgerliches Gegenstück zum Tiergarten am damals östlichen Ende der Stadt und zu Ehren Friedrichs II. angelegt und der zweitgrößte – und schönste? – der Stadt. Am Rand sind hier die Barrikadenkämpfer der Märzrevolution von 1848 begraben, unter den Bergen liegt Trümmerschutt. Über die Danziger Straße geht es nun am Bötzow-Viertel vorbei, ernsthafte Konkurrenz für den immer noch hippen Kollwitzplatz, bis zur Michelangelostraße. Endstation nach 44 Min. Fahrt. Ein Stück weiter östlich liegt in Weißensee der größte jüdische Friedhof Europas mit 115 000 Gräbern, etwas verwildert und mit brüchigen Steinen und sehr sanierungsbedürftig.

Für 2,10 € kann man wieder zurückfahren und vielleicht noch irgendwo bummeln gehen nach so viel Überblick.

bausteine, durch die das Licht leuchtet; Zoologischer Garten, Hardenbergplatz, 9–18.30 Uhr, Sommer bis 21 Uhr, Winter bis 17 Uhr; Jüdischer Friedhof Weißensee, Herbert-Baum-Str. 45, Sommer So–Do 8–17, Fr bis 15 Uhr, Winter So–Do 8–16, Fr und vor jüd. Feiertagen 8–15 Uhr.

Die »Touristenlinie« 100 fährt ab Bahnhof Zoologischer Garten über Schloss Bellevue, Brandenburger Tor, Unter den Linden zum Alexanderplatz.

Bei Flöhen und Fröschen

Der Frosch sitzt ganz still und ist neben dem braunen Blatt kaum zu erkennen. Vielleicht hätte ihn keines der Kinder gesehen, wenn nicht die kleine Fliege so frech, so nah an ihm vorbeigeflogen wäre. Denn er hat sie blitzschnell geschnappt und sich damit verraten. Jetzt sitzt er wie gelähmt und verschwindet dann plötzlich mit einem Satz in die trockenen Blätter. Hier ist er Studienobjekt, die Kinder sprechen über Tarnung.

Einen eigenen Fluss bauen, mit Kartoffeln drucken, Pilze bestimmen, Wasserflöhe beobachten, Fröschen lauschen: An jedem Wochenende gibt es auf dem Gelände des alten Wasserwerks im Grunewald ein neues spannendes Programm für Kinder, die hier auch ihren Geburtstag feiern dürfen. Die Eltern können sich über ökologisches Bauen, naturnahe Gärten oder Imkerei beraten lassen. Oder an Gärten und Teichen spazieren.

Im Ökowerk kann man sich seine Geburtstagsgäste aussuchen.

KARTE ▶ E4

Was: Alles über Wasser und andere naturnahe Themen erfahren
Wo: Ökowerk im Grunewald, Teufelsseechaussee 22–24; Tel. 3 00 00 50;

Anf. S-Bahn Grunewald, 20 Min. zu Fuß (Neuer Schildhornweg)
Wann: Sommer Di–Fr 9–18, Sa, So 12–18 Uhr, Winter Di–Fr 10–16, Sa, So 11–16

Uhr
Wie viel: Erwachsene 2,50 €, Kinder ab 5 J. 1 €
Essen & Trinken: am WE Bistro auf dem Gelände
Web: www.oekowerk.de

Feuchtfröhliches Joggen

Sie treffen sich im Sommer sonntags um 16, im Winter um 15 Uhr. Den Treffpunkt muss man dem Internet entnehmen, zum Beispiel S-Bahnhof Pichelsberg. Das passt, denn es trifft die Intention: joggen und trinken. Manchmal fahren sie auch ins Umland, Hauptsache, es ist schön dort, meist sind es 20 bis 25, das Wetter interessiert sie nicht. Sie wollen keinen Marathon laufen. Laufen schon, aber in erster Linie soll es Spaß machen. Vorbild ist die Schnitzeljagd, im Englischen »Hares and Hounds«. So nennt sich die Gruppe Hash House Harriers.

Ein freiwilliger Hase hat schon eine Spur gelegt – mit Mehl und manchmal auch mit Finten, die auf falsche Fährten locken –, die anderen suchen. Gefunden: Das ist schon mal ein Anlass für ein Getränk. Man prostet sich zu und singt ein Lied. Regnet's? Dann bietet sich »I'm singing in the rain« an. Mit »On, on«

wird die Meute wieder angetrieben. Die merkwürdige Truppe beruft sich auf sportlich-alkoholische Erfahrungen britischer und australischer Kolonialoffiziere 1938 in Kuala Lumpur, die die Schnitzeljagd ersannen, um der Langeweile von ewigem Golf und Tennis zu entrinnen. Trinken ohne Sinn und Laufen ohne flüssiges Ziel wurden völkerverbindend zu sinnvollem Tun zusammengelegt. Diesem Vorbild folgen lose Gruppen weltweit, 1500 soll es in 184 Ländern geben. Hash House Harriers laufen und saufen in Hamburg, München, Frankfurt/Main und Dresden und natürlich in Berlin. Hier sind die meisten nicht mehr ganz jung, einige haben diese Art von Bewegung bei beruflichen Auslandsaufenthalten kennengelernt, bei der deutschen Botschaft in Belgrad oder beim Dienst in Pakistan. So lernt man Leute kennen.

KARTE ▶ E4　　　　　　　

Was: Laufen und trinken
Wo: Orte werden im Web bekannt gemacht
Wann: So 16 Uhr im Sommer, 15 Uhr im Winter; Stammkneipe Zum Anker, Charlottenburger Ufer 6.

Kontakt: So 13 Uhr
Web: www.berlin-h3.de
Sonstiges: Wer nicht allein laufen (und dabei nicht trinken) will, findet in Berlin zahlreiche Gruppen in allen Bezirken. www.lauf

szene-berlin.de. Die Jelly Bears laufen Mo 19, Do 19.15, Sa 15.15 Uhr ab TU Sporthalle, Waldschulenallee 71, 6–20 km; Frauenlauftreff Sa 17 Uhr, John-Foster-Dulles-Allee

Überall ist Spielplatz

Sie sagen Boule, aber fast alle spielen Pétanque. Die Spielregeln variieren geringfügig, für uns. Für Franzosen enorm. Der Begriff leitet sich vom provenzalischen »ped tanco«, (am Boden) fixierter Fuß, ab. Man steht in einem Kreis, der nicht verlassen werden darf, bevor die Kugel den Boden berührt. Boulespieler haben mehr Bewegungsfreiheit und werfen aus dem Anlauf. Am Wochenende kommen bis zu 100 Spieler zum Paul-Lincke-Ufer. Im Schöneberger Rudolph-Wilde-Park am Rathaus klacken die Kugeln bis weit nach Mitternacht, in Charlottenburg in der Schloßstraße holt man Getränkenachschub in der »Kastanie«. Die Franzosen haben angefangen, das war im August 1967. Nach dem Abzug der Alliierten hat der nun deutsche Club Bouliste das Boulodrôme in Reinickendorf übernommen. Den jüngsten Berliner Club gibt es in Prenzlauer Berg, die Petanquisten spielen im Mauerpark. Man muss nur drei Kugeln mitnehmen und hingehen.

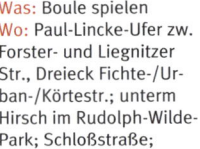

 KARTE ▶ E4

Was: Boule spielen
Wo: Paul-Lincke-Ufer zw. Forster- und Liegnitzer Str., Dreieck Fichte-/Urban-/Körtestr.; unterm Hirsch im Rudolph-Wilde-Park; Schloßstraße;

Mauerpark
Wann: Apr.–Sept., oft Fr abends, WE
Web: www.club-bouliste. de; www.berlinboule.de
Sonstiges: Boulodrôme Jean René Montel, Rue Do-

ret 8 (Reinickendorf); Tel. 4 13 83 19;
Mo–Fr ab 16 Uhr, Sa ab 14, So ab 11 Uhr.
Gutes Essen und gute Getränke beim Boulodrôme im Vereinsheim

Freizeit auf der Spree

Das Boot ist rund und sieht mit dem Schirm aus wie ein orangenes Ufo in der Spree. Kaum zu glauben, aber das runde Ding mit 3,60 m Durchmesser wird von einem Elektro-außenbordmotor mit 1,5 PS angetrieben und könnte 3–4 km/h schnell sein. Anker, Feuerlöscher und Verbandskasten sind an Bord. Das kann wichtig werden, denn das Boot ist ein Grill-Boot. Man kann ein Grillset (Holzkohle-Kugelgrill) dazu mieten – das kommt in die Mitte – und eine Soundanlage, und der Mahlzeit an Bord steht nichts mehr im Wasserweg.

Wenn sich dann das Bedürfnis nach Bewegung einstellt, locken Treptower Park und Plänterwald mit verschlungenen Wegen. Kopflos liegen die Saurier im seit 2001 geschlossenen Spreepark, dem einst größten Vergnügungspark Berlins. Jogger würdigen sie längst keines Blickes mehr. Volksmusik im Biergarten vor dem Restaurant »Zenner« motiviert grauhaarige Paare zum Tanz, und über die Abteibrücke schieben die Räder, die ein einsames Sonnen- oder später auch Abendplätzchen auf der Insel der Jugend suchen.

Bei Wind muss man den Schirm zuklappen, Wellen sind kein Problem.

KARTE ▶ E4

Was: Grillen an Bord
Wo: Bulgarische Str., Segelschiffrestaurant »Klipper«; Tel. 0 30/ 43 02 82 96
Wann: Apr.–Okt. tgl. 10–23 Uhr

Essen & Trinken: an Bord, Bootmiete ab 35 €/Std. für bis zu 10 Pers.; Grillset 45 € (ohne Grillgut). Oder im und auf dem »Klipper«
Web: www.grill-boot.de
Sonstiges: Bootsverleih

zwischen »Klipper« und »Zenner«; Biergarten, Musik und Tanz am WE vor dem »Zenner«; Rundflüge mit Wasserflugzeug ab »Klipper«

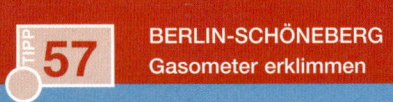

Im Innenraum des Gasometers soll ein modernes Konferenzzentrum entstehen.

Hoch hinaus

Das muss man erst einmal wollen: Erst Alkoholtest, dann wie ein Gipfelstürmer, mit Seil und Karabiner an zumeist fremde Leute gehakt, 456 angerostete Stufen erklimmen, immer mit freier Sicht nach überall, bis der Wind an Mütze oder Brille zurrt (Festbinden ist Pflicht). Schließlich wartet oben das echte Abenteuer beim Rundgang auf dem Gasometer bzw. dessen 100-jähriger Stahlhülle. Ganz oben auf dem Gitterrost – 80 m hoch – bieten drei Metallstreben Schutz, die obere nur hüfthoch. Eine Runde ist 188 m kurz, manchem zwischen Wind und Wolken mit 360 Grad Panoramasicht auch lang. Der Weg im Zickzack nach oben, wie auf einer endlosen Feuerleiter, kann Mut und Einschätzung der eigenen Ausdauer geschmälert haben. Aber was für ein Blick (in die Ferne)! Der 1000. Gast war mit seiner Frau zu einem »Höhendinner« dort oben eingeladen. In der Zeitung konnte man lesen, dass es »ungewöhnlich« war.

KARTE ▶ E4

Was: Panoramablick auf die Stadt
Wo: Schöneberg, Torgauer Str. 15–22; Tel. 0 18 05/ 44 70 77; nur Vorverkauf, 29,95 €
Wann: Apr.–Okt.

Essen & Trinken: besser nicht
Web: www.climb-berlin.com
Sonstiges: Weitere sehenswerte Industriedenkmäler sind der Funkturm am Messedamm in Charlottenburg, die Ringofenhalle der Porzellanmanufaktur KPM, Wegelystr. 1 (tgl. 10–18 Uhr), der Wasserturm an der Belforter Str. in Prenzlauer Berg

Ein Kultur-Standort im Herzen Berlins:

Die Willy-Brandt-Skulptur und die Architektur,
unsere Veranstaltungen und Kunstausstellungen
sind seit dem 10. Mai 1996 ein Publikumsmagnet.

Manche wollten auch nur im Restaurant essen oder
in den Läden einkaufen, zum Beispiel in der Buchhandlung
mit reichhaltigem Angebot an politischen Büchern und
großem Antiquariat zur Geschichte der Arbeiterbewegung.

Wir freuen uns auf Ihren Besuch.

Willy-Brandt-Haus

Berlin-Kreuzberg
Wilhelmstraße 140
(U-Bahnhof Hallesches Tor,
Nähe Jüdisches Museum,
Buslinie M 41)

Öffnungszeiten:
Di bis So 12.00 – 18.00 Uhr
Mo geschlossen

www.willy-brandt-haus.de

Idylle mit Garten

Das Veilchenfeld symbolisiert die Kindheit. Hohe Rosenstöcke beugen sich zu den Heckenrosen hinunter. Zu den deutschen Birnbäumen haben sich Ausländer gesellt. Die Laube am Wasserlauf ist das Seelenparadies, und das mysteriöse Dreieck mit Spiegel, Teleskop und Mikroskop symbolisiert das Auge Gottes. Verwirrendes ist im idyllischen Comenius-Garten im Böhmischen Dorf zu entdecken. Der weißhaarige Wissenschaftshistoriker Henning Vierck kann erklären, was man sieht und wie dieser Garten 1995 als Lebenslauf nach der Lehre des böhmischen Pädagogen Comenius angelegt wurde.

250 Jahre zuvor hatten sich um den Richardplatz im damaligen Rixdorf böhmische Glaubensflüchtlinge unter dem Schutz Friedrich Wilhelms I. angesiedelt. 18 Familien gründeten die Herrnhuter Brudergemeinde. Kolonistenhäuser ihrer Nachfahren stehen an Kopfsteinpflastergassen um den alten Dorfanger, und wenn ein Tor in der Kirchgasse offen steht, sieht man hinter hohen Mauern wunderschöne Höfe. In der Schmiede von 1624 hat 2004 die erste Frau die Herrschaft über das Feuer übernommen und hämmert mit Gleichgesinnten auch neue Rollenbilder. Mädchen mit türkischen Namen bieten Führungen durch ihr »internationales Dorf« an.

Jede kann in Neukölln lernen, mit Amboss, Esse und Lufthammer zu arbeiten.

KARTE ▶ E4

Was: Bömisches Dorf erkunden
Wo: um den Richardplatz in Neukölln; U-Bahn: Karl-Marx-Str.
Wann: Schmiede, Richardpl. 28, Mo, Fr 9–15, Mi 9–12 Uhr; So Besichtigung 14–17 Uhr; Comenius-Garten, Richardstr. 35; Stadtteilführungen von Frauen und Mädchen aus dem Kiez dem Internet entnehmen
Essen & Trinken: Café Rix, Karl-Marx-Str. 141; Tel. 6 86 90 20; tgl. 10–1 Uhr; kulinarisch-kulturelle Oase
Web: www.neukoelln-online.de; www.route44-neukoelln.de

Die Suche nach nachwachsenden Rohstoffen hat Hanf wieder marktfähig gemacht.

Keine große Tüte

40 000 m^2 Hanf und kein Joint – Misstrauische, die ein Kifferparadies erhofft haben, knipsen vorsichtshalber Knospen ab, für den späteren Gebrauch, aber vergeblich. Auf dem Gelände der ehemaligen Baumschule wächst Fedora 17, eine in der EU zugelassene Nutzhanfsorte, praktisch frei von THC (Tetrahydrocannabinol) und damit über jeden Verdacht erhaben, Rauschzustände auszulösen.

Das Hanflabyrinth aus 160 kg Saatgut, vom Hanf-Museum und von Landwirten angelegt, soll Spaß machen und über die schöne Nutz- und Heilpflanze informieren. Bei Hanfbier und Hanflolli erfährt man im Gras, dass Hanf schon vor 10 000 Jahren genutzt wurde und dieses Labyrinth in der Hanf-Faser-Fabrik Prenzlau zu Fasern für Kleidung und Dämmmaterial verarbeitet wird.

KARTE ▶ E4

Was: Durch ein Hanflabyrinth irren
Wo: Späthstr. 120; U-Bahn: Blaschkoallee
Wann: Juli–Sept., tgl. 10–19 Uhr
Wie viel: 5 €, Fam. 10 €,
So 6 €
Essen & Trinken: Hoppetosse, Eichenstr. 4; Tel. 53 32 03 40; Mo geschl.; Restaurantschiff im alten Treptower Hafen
Web: www. hanflabyrinth-berlin.de
Sonstiges: Maislabyrinthe gibt es ab Juli in manchen Dörfern in Brandenburg; ein dauerhafter Irrgarten steht in den »Gärten der Welt« (s. S. 64)

Auf die sanfte Tour

Fernglas, Kamera, Mütze, im Gepäcknetz vor der Sitzluke des Faltbootes kann man Kleinkram verstauen, aber verpackt und befestigt, sonst nimmt die erste Welle alles mit. Die schweren Sachen gehören unter den Sitz, möglichst wasserdicht verpackt – die Luft darin gibt zusätzlichen Auftrieb –, und dann kann die Bootsfahrt beginnen. Aber erst gucken, ob das Boot gut getrimmt ist, also in jeder Richtung gleichmäßig im Wasser liegt, sonst kann das Paddeln mühsam werden. Unterhalb des berühmten Köpenicker Rathauses geht es ins Wasser Richtung Schlossinsel mit dem Kunstgewerbemuseum. Ist die Insel umrundet, weiter auf den Langen See, den die Dahme durchfließt. Viel Gegenverkehr ist hier auf der Regattastrecke Grünau. An den Müggelbergen führt die Strecke vorbei nach Schmockwitz, dem vermutlich ältesten Siedlungsplatz in Berlin. Mit der Straßenbahnlinie 68, der Uferbahn auf der landschaftlich schönsten BVG-Strecke, erreicht man Köpenick.

Manche Anfänger bevorzugen ein kompaktes Boot.

KARTE ▶ E4

Was: Geführte oder individuelle Faltboot-Tour
Wo: von Köpenick nach Schmöckwitz;
Boot mieten bei Dr. R. Dästner, Prenzlauer Allee 221; Tel. 44 34 09 53

Wann: Apr.–Sept.
Wie viel: Faltboot 25 €/Tag; geführte Tour 35 €/Pers.
Essen & Trinken: bei geführter Tour Lunchpaket; Gaststätten in Köpenick

und Grünau
Web: www.derkanutourist.de
Sonstiges: Ausstellung über den Schuhmacher und Hauptmann Wilhelm Voigt im Rathaus Köpenick

Kleine Welt

Von der Glienicker Brücke zum Pergamonmuseum oder zum Schloss Königs Wusterhausen sind es nur ein paar Schritte. Die Brücke führt jedoch nicht über die Havel, sondern verbindet auf 6,27 m zwei Grasflächen an der Wuhlheide in Karlshorst. Berlin und Brandenburg entstehen hier im Miniaturformat, bis jeder Berliner Bezirk und jeder Landkreis in Brandenburg mit mindestens einer Sehenswürdigkeit vertreten sein wird.

In fünf Werkstätten von Spandau bis Marzahn wird die kleine Welt vorbereitet. Es beginnt mit dem Studium von Fotos, Zeichnungen, Bau- und Konstruktionsplänen und setzt sich fort mit der Arbeit an Fräsen, Lötlampen, Tellerschleifern und Tischbohrern. Fast alle Modelle entstehen im Format 1:25, aber der Anspruch an die Werke geht über den für normalen Modellbau hinaus, denn Brandenburger Tor, Schloss Pfaueninsel und Jüdisches Museum müssen wasserfest sein. So werden Kunststoffe zu Dachziegeln und Steinquadern, das originalgetreue Aussehen besorgen Acrylfarben, Ziegelfassaden werden gemauert. Nach sechs bis

Zeitweise wasserfester als das Original: Modell der Gedächtniskirche.

acht Monaten ist ein Modell meist fertig, nur am Reichstagsgebäude haben die Arbeiter, die vorher lange arbeitslos waren, zwei Jahre lang gebaut. 65 Sehenswürdigkeiten sind auf 1,5 ha bereits versammelt. Ein Rundgang durch Brandenburg dauert eine gute Stunde.

KARTE ▶ E4

Was: Spaziergang durch Klein-Berlin-Brandenburg
Wo: Karlshorst, Eichegestell 4; Tel. 47 37 84 20; S-Bahn Karlshorst, Tram M 17, 27 bis Hege-meisterweg
Wie viel: 4 €
Wann: Apr.–Okt. tgl. 9–19 Uhr
Essen & Trinken: Hoppetosse, Restaurantschiff, Eichenstr. 4 (Treptow); Tel. 53 32 03 40; Di–Fr ab 13, Sa ab 14, So 11 Uhr
Web: www.modellparkberlin.de; www.ms-hoppetosse.de

Spinner-Siedlung, Seebad und Dichterkiez

Die Bölschestraße ist die Hauptstraße, einen guten Kilometer lang zwischen S-Bahnhof und Müggelsee, mit 10 m breiten, lindengesäumten Fußwegen vor Weberhäuschen und Gründerzeitbauten, eine charmante und viel genutzte Flaniermeile. Neben schmalen Läden führen Durchgänge zu lang gestreckten Höfen mit Hotels, versteckten Cafés, sogar vierstöckigen Bürgerhäusern. Eine Nobelmeile ist die »Bölsche« nie gewesen, aber der Blick in mehr als 100 Geschäfte und Restaurants verrät, dass es Kunden für schöne und ausgefallene Waren gibt. Spinner aus Böhmen sollten hier leben, für sie hat

---

KARTE ▶ F4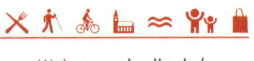

Was: Friedrichshagen und Müggelsee erkunden
Wo: ab Friedrichshagen; S 3
Wann: immer
Essen & Trinken: Biergarten am Ufer; Mauna Kea,

Bölschestr. 44; Tel. 39 20 23 36; tgl. ab 8 Uhr; Frühstückscafé und Restaurant; Mokkamehr, Bölschestr. 7; Tel. 30 13 69 45; tgl. 10–19 Uhr; Kuchen, Kunst und Mode

Web: www.berlin.de/friedrichshagen
Sonstiges: Gestrandet, Strandbar und Fahrradverleih, J.-Nawrocki-Str.; Tel. 01 51/19 40 92 54; am Anleger »Stern und Kreis«

An der Südseite des größten Berliner Sees beginnen die 113 m hohen Müggelberge.

Friedrich II. 1753 eine Reihe von Doppelhäusern – aus Lehm und mit Schilfdach – zu beiden Seiten einer Waldschneise zum See errichten lassen, und 676 Maulbeerbäume waren als Grundstock für eine Seidenweberei vorgesehen. Zwei gibt es noch, aber Seide ist hier nie gewebt worden. Friedrichshagen wurde Berliner Sommerfrische, außer Kurgästen kamen Künstler, und Wilhelm Bölsche und Bruno Wille gründeten den Friedrichshagener

Dichterkreis. Fast nichts ist im Krieg zerstört worden, nur die DDR-Jahre nagten an Dächern und Fassaden. Der Verfall ist aufgehalten, vieles saniert worden, vor 100 Jahren wird es kaum anders ausgesehen haben.

Zum Müggelsee muss man die Straße überqueren. Bis zum Februar 2010 wurde auf dem weitläufigen Gelände am Ufer das Berliner Bürgerbräu in der letzten großen Privatbrauerei gebraut und im Biergarten auch gleich serviert. Die Markenrechte sind verkauft, künftig soll aus verkleinertem Betrieb ein Bio-Bier angeboten werden. Planen verhüllen das Nachbarhaus mit Schrörs Biergarten. Ein Tunnel links unterquert seit 1927 die Müggelspree und führt auf autofreiem Weg zu Badestränden und zum Südufer des mit 767 ha größten Berliner Sees und zu den Müggelbergen, den mit 113 m höchsten natürlichen Erhebungen der Stadt. Radfahrer schieben das letzte Stück des achtprozentigen Anstiegs. Der Radweg über Müggelheim zum ehemaligen Fischerdorf Rahnsdorf führt am Kleinen Müggelsee vorbei. Von Mai bis September lässt sich der Weg mit der BVG-Fähre F 24 abkürzen, ein Fährmann mit Ruderboot steht bereit. Unter Trauerweiden an verträumten Wassergrundstücken darf man sonst am Rialtoring von Neu-Venedig neidisch werden. Rahnsdorf ist nach 23 km erreicht und Friedrichshagen schnell mit der S-Bahn.

Berlin-Negativ

Reisen in die Vergangenheit haben Konjunktur, und wenn es ganz weit zurückgehen soll, bleibt in Norddeutschland nur Rüdersdorf. Hier liegt, wie der Muschelkalk verrät, der einzige oberirdische Zugang zum Erdmittelalter: Die Versteinerungen von Saurierknochen sind ungefähr 240 Mio. Jahre alt. Über Jahrhunderte ist hier Kalk im Tagebau abgebaut worden, die Industrie hat die Landschaft verändert. Noch 1970 verschwanden für den Bergbau Straßen in Rüdersdorf, und bis 1990 gab es keine ähnlich staubige Stadt in der DDR.

Das Tagebaurelief, wie es in 800 Jahren entstanden ist, wird als Negativabdruck der Stadt Berlin gesehen, denn die Berliner waren Hauptverbraucher

KARTE ▶ F4

Was: Kalksteintagebau erleben
Wo: Museumspark Rüdersdorf, Heinitzstr.; Tel. 03 36 38/7 74 45; B 1/5; RE 1 Erkner, Bus 950

Wann: März–Okt. tgl. 10–18, Nov.–Feb. bis 16 Uhr;
Wie viel: Erw. 4 €, Kinder 2 €; Rundgang (nach Voranm.) 8 €, Landrover 9 € , Geologie live 10 €

Essen & Trinken: Café Kalkscheune im Park; Tel. 03 36 38/89 64 69
Web: www.museumspark.de
Sonstiges: Konzerte, Thea-

von Kalkstein, Brannt-
kalk und Zement aus
der Industriegemeinde
am östlichen Rand der
Stadt. Das Material für
die Fundamente von
Brandenburger Tor und
Reichstag, die Mauern
am Turmaufsatz der
Marienkirche, die Ter-
rassen von Sanssouci
und das Olympiasta-
dion, sogar der Zement
für den Adlon-Neubau
kamen mit dem Kahn
aus Rüdersdorf.

Man kann zwischen
Brennöfen, Laboren, Ar-
beiterwohnungen und
Muschelkalkaufschluss
lange Spaziergänge
machen oder auf Land-
rover-Touren aktiven
Tagebau erfahren. Al-
lein gelassen, sieht
mancher nur Öde, Sand
und wie sich die Natur
ihr Terrain von den Rän-
dern zurückerobert.

Kalköfen: Gigantische Kon-
zertkulisse im Sommer.

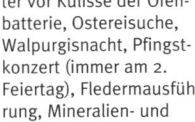

ter vor Kulisse der Ofen-
batterie, Ostereisuche,
Walpurgisnacht, Pfingst-
konzert (immer am 2.
Feiertag), Fledermausfüh-
rung, Mineralien- und
Fossilienbörse, Konzert-
und Operettenaufführun-
gen, Halloween; beson-
dere Ferienangebote für
Kinder und Erwachsene:
Bildhauern mit Ytong, Ma-
lerei auf Kalkstein,
Mosaikarbeiten; Fossilien
suchen und bestimmen

Glattes Wasser, große Sprünge

Eine Fünf-Mast-Seilbahn ersetzt jedes Schiff.

Zuerst in die Hocke gehen, Muskeln anspannen, sich auf das Wasser ziehen lassen, bis man eine sichere Fahrposition unter den Füßen fühlt, und dann geht's los. Schon naht die erste Kurve, man muss durch das rote Bojentor. Das geht verhältnismäßig leicht, das Wasser ist spiegelglatt, eine Insel verhindert Wellenbildung. So bleibt es auch bei der ersten und zweiten Kurve, die dritte wird spannend ... Sichere Schwimmer wissen, wann man die Leine loslässt: wenn das weiße Bojentor zum Ausstieg passiert ist.

Seit 2001 ist der Wasserskilift an einem großen künstlichen See in Großbeeren in Betrieb, und auch Wakeboarder sind mit der Seilhöhe von 10 m, die gute Sprünge erlaubt, zufrieden.

KARTE ▶ E4

Was: Wasserski und Wakeboarden
Wo: Wasserskilift Großbeeren, Bahnhofstr. 49; Tel. 03 37 01/9 08 73; A 115 Potsdam-Babelsberg, Landstraße; RE 4

Wann: Apr. Fr ab 15, Sa ab 13, So ab 12 Uhr, Mai–Sept. Mo–Fr ab 15, Ferien Mo–Fr ab 11 Uhr, Sa, So wie Apr.
Wie viel: Tageskarte 32, Jugendl. 10–16 J. 26 €; So

vormittags Anfängerkurse
Essen & Trinken: Biergarten am Platz
Web: www.wasserski-großbeeren.de

Besuch bei Berlins Prominenz

Irgendwo über verwitterten Kreuzen trommelt ein Specht, und was wie eine ungeölte Tür quietscht, dürfte ein Waldkäuzchen sein. Friedhofsverwalter Ihlefeldt hat es gern lebendig. 2009, als einer der größten Waldfriedhöfe Europas 100 Jahre bestand, durften Künstler auf einer Lichtung hämmern und feilen. Gruselig war die Lange Nacht 2003, als »Nosferatu«, die Dracula-Verfilmung des hier begrabenen Stummfilmregisseurs Murnau, gezeigt wurde. Ein Trio sang Lieder aus »Hänsel und Gretel« von Humperdinck, am Grab der Baronin Elisabeth von Ardenne, deren Schicksal Fontane als Vorlage diente, wurden Szenen aus »Effi Briest« gespielt. Die Leute sollten wieder wissen, welche Prominenz hier in Mausoleen und Gräbern zwischen gebändigtem Wildwuchs an behutsam gesetzten Sichtachsen liegt: Heinrich Zille, der Maler Lovis Corinth, der Architekt Walter Gropius, der Verleger Gustav Langenscheidt, Werner von Siemens und viele mehr. Nach dem Mauerbau 1961 hatte sich auf dem 206 ha großen Areal ein Öko-Refugium entwickelt, die Bäume wuchsen in den Himmel, die Steine bröselten, und der Friedhof, der früher als Wald oder Park ein Ausflugsziel war, schien fast vergessen.

Mit dem Audioguide kann man die bedeutendsten der 120 000 Grabstätten finden.

KARTE ▶ E4

Was: Den Südwestkirchhof erkunden
Wo: Stahnsdorf, Bahnhofstr.; Tel. 0 33 29/6 23 15
Wann: Apr.–Sept. tgl.

7–20, Okt.–März 8–17 Uhr; jeden 2. Sa Führungen für Familien, Kinder, Jugendliche
Essen & Trinken: Tomasa Zehlendorf, Berliner

Str. 8/Ecke Gartenstr.; Tel. 81 00 96 00; So–Do 9–1, Fr, Sa bis 2 Uhr; Spielplatz und großes Spielzimmer
Web: www.suedwestkirchhof.de

Lange Menschen, neue Töne

Das Weihnachtsgeschenk für einen Zehnjährigen: Eine Burg namens Wendisch Wusterhausen hatte Kurprinz Friedrich Wilhelm 1698 von seinen großzügigen – und, wie er später fand, verschwenderischen – Eltern, Kurfürst Friedrich III. und Mutter Sophie Charlotte, bekommen. Der junge Mann nutzte sie zunächst als Jagdschloss. Später, als strenger preußischer Soldatenkönig Friedrich Wilhelm I., liebte er das schlichte Ambiente von nun Königs Wusterhausen. Und er rekrutierte einen Trupp von Soldaten, aus dem die berühmte Garde der Langen Kerls werden sollte. Eigentlich war er nur hier verschwenderisch: Mit den Holländern tauschte er Stützpunkte in Westafrika, die sein Großvater angelegt hatte, gegen zwölf lange Afrikaner. Die meisten baumlangen Männer der Garnison aber kamen aus dem Zarenreich, denn das Gardemaß von fast 1,90 m war in Preußen selten. Gelegentlich regierte Friedrich Wilhelm I. von Königs Wusterhausen aus und versammelte auch das Tabakskollegium im Schloss.

Den Albtraum seiner Jugendjahre erlebte der 18-jährige Kronprinz Friedrich, als sein Vater 1730 hier das Todesurteil gegen den Freund Hans Hermann Katte unterschrieb, um ihn für seine Hilfe bei der Flucht des Sohnes aus allzu strenger väterlicher Obhut zu bestrafen. Bei der Hinrichtung des Freundes musste der Kronprinz zusehen. Nach dem Tod des Soldatenkönigs 1740 verwaiste das Schloss. 2000 wurden Schloss und Garten nach umfangreichen Rückbauten und Restaurierungen als Museum wiedereröffnet. 40 Gemälde des Königs sind hier bewahrt.

Geschichten aus neuerer Zeit sind Besucher auf der Spur, die den Aufstieg zum nahe gelegenen Funkerberg nicht scheuen, denn dort liegt die Geburtsstätte des deutschen Rundfunks. Meist stehen nur Männer im Museum am Funkerberg. Technikfreaks kommentieren die

> In den Kavalierhäusern am Schloss können Besucher das Wusterhausener Zwölfender, ein obergäriges, kupferfarbenes Bier, kosten. Die Zuckerbäckerei verkauft ein nach historischem Rezept gebackenes Komissbrot.

KARTE ▶ F4

Was: Schloss und Funkerberg besichtigen
Wo: Königs Wusterhausen; A 10, B 179; S 46; Schloss: Schlossplatz 1; Tel. 0 33 75/21 70 00; Sender- und Funktechnik- museum: Funkerberg, Haus 1
Wann: Schloss Apr.–Okt. Di–So 10–18, Nov.–März Di–Fr 10–16, Sa, So 10–17 Uhr, nur Führung; 4 €; Sender- und Funktechnik- museum Di, Do, Sa, So 13–17 Uhr; 3 €
Essen & Trinken: Gastronomie im Schloss, Di–So ab 12 Uhr; Weinladen am Kanal, Bahnhofstr. 24; Tel. 0 33 75/29 51 70; Der

Lange Kerls vor dem Schloss erinnern an das Hobby des Soldatenkönigs.

Ausstellung einer Unmenge unterschiedlicher Elektronenröhren, fachsimpeln über die Hitzeentwicklung der Endstufenröhre, die mit Wasser gekühlt werden musste, um sie vor thermischer Zerstörung zu bewahren, und bewundern einen Mittelwellensender. Mit glänzenden Augen stehen sie vor dem ratternden 1000-PS-Dieselmotor: wie er immer noch läuft, jeden Monat einmal. Früher trieb er einen 6-kV-Generator zur Stromerzeugung für die Sendeanlage an. Das erste provisorische Studio mit Klavier und Geige ist nachgestellt, und im Modellraum zeigt die Nachbildung einer Antennenanlage von 1938 im Maßstab 1 : 300, wie ein Antennenwald die Landschaft verändert hat.

Am 15. Juni 1915 begann die Rundfunkgeschichte. Der erste »Radio«-Sender übertrug Heeresberichte per Funk. 1920 gelang es, das erste Weihnachtskonzert auszustrahlen, 1927 gab es Sendeanlagen im Langwellen-, 1929 im Kurzwellenbereich. So genannte Volksempfänger standen in vielen Wohnzimmern. Nach dem Zweiten Weltkrieg sendete wieder Militär, dann der Berliner Rundfunk. Im Sommer 1995 wurde der Sendebetrieb eingestellt. Am 4. April 2009 ging wieder ein Sender Königs Wusterhausen »on air«. Jeden Morgen von sechs bis elf Uhr werden seine Hörer »Perfekt geweckt«.

Turm, Funkerberg; Tel. 0 33 75/29 09 32; ein Wasserturm, 33,3 m und 110 Stufen hoch mit schönem Blick über KW und Umland; Kuchen und kleine Speisen und immer wieder Veranstaltungen und Ausstellungen; Mi 14–22, Do–Sa 14–19, So 12–18 Uhr; Web: www.koenigs-wusterhausen.de; www.spsg.de; www.schloss-koenigs-wusterhausen.de; www.berlin-tv-portal.de/aktuell/07_04/funkerberg.htm; www.der-turm-kw.de

Kurbad in grünem Pelz

Dieses verwunschene Holzhaus in der Ulmenstraße ist nach Maxim Gorki benannt.

Wer will, kann mit dem Schiff von Berlin kommen, denn der Scharmützelsee, der mit 150 ha größte in Brandenburg, ist über die Storkower Gewässer mit den Wasserstraßen der Hauptstadt verbunden. Das dauert jedoch eine ganze Weile. Wer den fast 12 km langen See mit den weiten Wäldern am Nordufer überfliegt, versteht, dass Fontane vom Märkischen Meer sprach. Sogar eine Halbinsel gibt es, in Bäume und Büsche wie grünen Pelz gefasst.

Um die Jahrtausendwende wurde der am nördlichen Ufer des Sees gelegene Ort Bad Saarow in Berlin wie ein Geheimtipp weitergeflüstert: »Tolle Therme«, hieß das Zauberwort. Nach jahrelangen Bauarbeiten war aus dem Landstädtchen mit morbidem Charme ein moderner Kurort geworden: Uferpromenade, Kurpark, Kunstausstellungen, Freilichtbühne und viele Angebote für alle möglichen Sportarten von Golf bis Segeln gab es nun. Und die Therme, außen säulenverzierter Beton, innen Holz und Naturstein, und die Catharinen-Quelle, auf 34 bis 36 Grad erwärmt, darüber Saunen und Dampfbad. Schon vor fast 100 Jahren zog es die Berliner in die 65 km südöstlich der Hauptstadt gelegene Idylle, das

---

KARTE ▶ G4

Was: Bad Saarow besichtigen, Therme nutzen, wandern, reiten, radeln, segeln, schwimmen
Wo: Bad Saarow; Anf. A 12; DB

Wann: Saarow-Therme, Am Kurpark 1; Tel. 03 36 31/86 80; So–Do 9–21, Fr–Sa 9–23 Uhr; Erw. ab 10, Kinder ab 7 €
Essen & Trinken: Park-

Café, Seestr. 22; Tel. 03 36 31/86 83 23; tgl. 11–13 Uhr; gute Küche mit regionalen Produkten
Web: www.bad-saarow.de; www.gorki-haus.de

Dorf Saarow auf der Halbinsel, kurz zuvor noch »ein verlassenes Nest«. Mit der Entdeckung heilsamen Moorschlammes 1911, heute als Fango bekannt, und einer Solequelle 1927 begannen tief greifende Veränderungen. Nach Plänen des Gartenarchitekten Ludwig Lessner entstand ein Villenstädtchen mit dem Charakter einer offenen Landhaussiedlung, die ihre Wege wie Fühler in Park und Wald streckte. Hotels und Pensionen wurden gebaut, Uferwege bekamen Anleger für Schiffe. Die Berliner hatten ihre Sommerfrische und gleichzeitig ein schönes Heilbad vor den Toren der Stadt. Die Prominenz aus Politik, Film und Finanzwelt suchte an Wochenenden hier Zerstreuung oder zog gleich nach Bad Saarow um.

Max Schmeling und Sir Winston Churchill spielten 1930 Golf in Bad Saarow. Gottfried von Cramm, der erste deutsche Wimbledon-Finalist, traf sich hier mit Bekannten zum Tennis. Der Dichter Maxim Gorki kam 1922 und 1923, sein Lungenleiden zu kurieren.
Die Rote Armee hatte nach 1945 unübersehbare Spuren hinterlassen, das Sanatorium besetzt und das Kurleben beendet. Erholungsort blieb Saarow in der DDR. Seit 1998, vier Jahre nach dem Abzug der sowjetischen Truppen, darf der Ort sich wieder Heilbad nennen.

Vom Außenbecken der Therme kann man über den Scharmützelsee blicken.

Große Vögel,
kleine Fische

Pfeilschnell stürzt der Fischadler, gerade noch im Rüttelflug über dem See, ins Wasser und mit zappelnder Beute fliegt er auf und davon, zum Horst auf dem Strommast. Krumme Krallen und raue Fänge machen die Arbeit leicht. Das scharfe Auge sieht die Bewegung auch noch 1 m unter dem Wasserspiegel, und wenn es sein muss, kann er für kurze Zeit sogar die Nasenlöcher schließen. Schon viermal haben Fischadler hier gebrütet und bis 2009 sieben Junge großgezogen, seit die Sielmann-Stiftung 2001 die Hälfte des knapp 200 ha großen Naturschutzgebietes Groß Schauener Seen kaufte, um ein Refugium für seltene Tier- und Pflanzenarten zu sichern, die naturnahen Flächen des Dahme-Seengebietes zu erhalten und naturverträgliche Tourismusangebote zu erarbeiten.

Von April bis September ermöglicht Fischadler-TV Neugierigen im Informationszentrum wie im Internet einen Blick in den Horst, wenn die Elternvögel mit den weißen Köpfen renovieren, brüten – nur die Mama –, die Jungen füttern – zu-

erst nur der Papa –, bis sie flügge sind und sich nach Afrika aufmachen, weil sie auf eisfreie Gewässer angewiesen sind. Im März kommen sie zurück. Noch in den 1960er Jahren schien es, dass Fischadler in Deutschland aussterben würden, heute lebt mit rund 300 Paaren die Hälfte aller mitteleuropäischen Fischadler in Brandenburg. Wer ihre Horste auf hohen, abgestorbenen Bäumen vermutet, irrt. Sie brauchen zwar hohe Horste, die sie frei anfliegen können und die freien Blick gewähren, aber wo sol-

---

KARTE ▶ F5

Was: Seltene Vögel beobachten	(Frankfurt/Oder), Abf. Storkow, B 246 (Gräbendorf), 2 km hinter Storkow links Fischerei Köllnitz	Gelände tgl. 9–17 Uhr
Wo: Naturlandschaft Groß Schauener Seen; Anf. A 10 (Dresden), ab Dreieck Spreeau A 12	Wann: Informationszentrum auf dem Fischerei-	Essen & Trinken: Köllnitzer Fischerstube; Tel. 03 36 78/ 6 10 84; tgl. 11–22 Uhr Web: www.sielmann-stiftung.de

Fischer und Fischadler pflegen seit Jahren friedliche Koexistenz.

che fehlen, gehen auch Fischadler mit der Zeit und richten sich auf Mastköpfen von Hochspannungsleitungen ein.

Besucher überblicken von einem Aussichtsturm nur die Seenlandschaft. In den ausgedehnten Schilf- und Röhrichtbereichen des Flachwassersees wie in ufernahen Erlenbruch- und Moorwäldern verbergen sich Fischotter und Kraniche. Selten sieht man die große Rohrdommel, aber rabenähnliche »krau«-Rufe, langer Schnabel und die eulenähnlich runden Flügel verraten sie im Flug. Wo hört man sonst noch das leise »si-si-si« der Beutelmeise? Auf schwimmenden Wasserpflanzen nistet die Trauerseeschwalbe, ganz in Schwarz, nur mit rotbraunen Füßen. Fledermäuse gibt es und wunderschöne Orchideen ...

Die hier ansässigen Raubvögel teilen sich die Beute mit der Fischerei Köllnitz, Projektpartner der Stiftung, die seit Generationen 1000 ha befischt und so Artenschutz und wirtschaftliche Nutzung in Einklang bringt. In den Fischerstuben allerdings werden die Aale über Buchenspänen geräuchert und auch andere Fischsorten gebraten oder gedünstet gereicht. Fischereimuseum und Netzwerkstatt sind noch zu besichtigen. Oder wie wär's mit einer Angeltour?

Am rauschenden Bach

Nur 22 km lang ist das Flüsschen Schlaube und derart kapriziös, dass es in Brandenburg nichts Vergleichbares gibt. Aus der Wirchenwiese kommt die Schlaube und schlängelt sich durch das schönste Tal weit und breit, verschwindet in Seen, weicht von den Wanderwegen ab in Wildnis, stürzt wie ein Wildbach in 30 m tiefe Schluchten und bummelt dann wieder gemächlich durch flaches Land. Parkt in Müllrose im Haussee, um dann in Richtung Oder-Spree-Kanal zu verschwinden, und hinterlässt den Naturpark Schlaubetal, Exot unter den Naturparks, in dem seit Ende der Weichseleiszeit vor 100 000 Jahren sich üppige Vegatation entfaltet, abstirbt, sich erneuert. Hier versammeln sich 1000 Pflanzen-, 700 Schmetterlings- und 200 Vogelarten, so viele, wie man sonst kaum irgendwo sieht.

227 km², der größte Teil mit Wald bedeckt, Laubmischwäldern und Erlenbrüchen, Buchenwäldern,

> Ein Findlingspark mit künstlerisch bearbeiteten Steinen – Reliefdarstellungen, Statuen, mystische Figuren und Malereien – steht an einem Feldweg südwestlich von Henzendorf auf einer 4 ha großen Wiese.

dann wieder Moore und Wiesen und weite Heidelandschaft, Lebensraum für Schwarzstorch, Seeadler, Uhu und Eisvogel.

Den perfekten Wander- oder Fahrradweg unterbrechen seit dem Mittelalter Mühlen, von denen die älteste, die Müllroser, als einzige produzierende in Ostbrandenburg ein moderner wettbewerbsfähiger Betrieb ist. Aber auch die anderen gibt es, die Bremsdorfer, schon immer die schönste, ein bisschen Zauberschloss mit Restaurantbetrieb, an dem ein Wasserrad klappert, und die Schwerzkower Mühle von 1420 mit Sägemüllers Stammtisch und Mühlenladen und mit funktionstüchtiger Technik zum Besichtigen. Die Kieselwitzer Mühle ist verschwunden, schon zu Beginn des 20. Jh. wurde eine Fischzucht aufgebaut, Regenbogenforellen werden aufgezogen und Angler nutzen das Paradies.

Wer von Müllrose kommt, trifft bereits nach knapp 7 km auf die Ragower Mühle von 1670, für die man

---

KARTE ▶ H5

Was: Naturpark erwandern
Wo: Schlaubetal ab Müllrose; Anf. A 12, Frankfurt/Oder Süd
Wann: zu jeder Zeit
Wo: Hauptwanderwege führen von Müllrose zur Ragower Mühle (7 km), Ragower Mühle-Kupferhammer (3 km), Kupferhammer-Siedichum (3,5 km), Siedichum-Bremsdorfer Mühle (4,5 km), Bremsdorfer Mühle-Kieselwitzer Mühle (4 km), Kieselwitzer Mühle-Wirchensee (3,5 km), Wirchensee-Henzendorf (5 km) Rundwanderwege um den Großen Müllroser See (9 km), Waldidyll-Klingemühle (5 km)

Als Naturpark für alle Sinne ist das Schlaubetal auch Familienausflugsziel.

vermutlich die Schlaube in den neuen Mühlenteich geleitet hat. Sie ist als technisches Denkmal und Mühlenmuseum restauriert, seit 2006 gibt es Stauanlage und Fischtreppe. Wer mit Kindern unterwegs ist, wird Mühe haben, den Ausflug fortzusetzen: Waschbären, Esel, Gänse, Enten, Hühner und Fasane sind zu bestaunen. Ganz im Süden des Naturparks bedeckt im Spätsommer ein Heidekrautteppich – im Frühling gelber Ginster – das Land, auf dem nach jahrelanger militärischer Nutzung nun Heidschnucken exerzieren, damit die Reicherskreuzer Heide eine bleibt und nicht verbuscht. Auf einem Naturlehrpfad vermeiden Besucher Kontakt mit noch ungeräumten Munitionsresten.

Essen & Trinken: Ragower Mühle, Schernsdorf; Tel. 03 36 55/7 21; Apr.–Okt. Di–So 9–20, Nov.–März Sa, So 11–18 Uhr; Bremsdorfer Mühle, Bremsdorf; Tel. 03 36 54/232; März–Okt. tgl. ab 11, Nov.–Feb. Sa, So ab 11 Uhr; frisch geräucherte Forellen
Web: www.schlaubetal-online.de
Sonstiges: Fahrten mit dem Treidelkahn auf dem Friedrich-Wilhelm-Kanal; Anmeldung Schlaubetal-Information, Haus des Gastes, Müllrose; Tel. 03 36 06/7 72 90; www.schlaubetal-tourismus.de

Für heiße Sommer und eisige Winter

Bis zu 10 m tief ist der Wolziger See.
Es dauert eine Weile, bis das Eis trägt.

Segel- und Motorboote, Kanus, Kajaks, Ruderkähne, Surfer und auch noch ein Drachenboot – an schönen Sommertagen scheinen sich alle Wassersüchtigen aus dem Berliner Süden am Wolziger See zu versammeln. Platz ist am 500 ha großen Gewässer für alle, und selbst an kinderflachen Stränden mangelt es abseits der Wassersportzentren Blossin und Kolping nicht. Bis in die Spätsaison ist das Wasser sauber und klar. Durch Kiefernwälder führt ein Wanderweg, die ausgeschilderte Joggingstrecke ist passable 10 km lang. Angler dürfen auf Barsch, Hecht und Karpfen hoffen.

Und dann ist Winter, und ein vergessenes Boot schaukelt noch an seinem Liegeplatz. Erst wenn das Eis hält, hacken die Eisangler ein Loch in den See, nehmen auf dem Klapphocker Platz und prüfen, ob das Taschenöfchen schon warm genug ist, die klammen Finger beweglich zu halten. Sie schauen den Eisseglern nach, die wie Pfeile über den See schnellen. Und dann ruckt es hoffentlich an der Angelschnur, so dass sie mit der Beute wieder ins Warme können. Im Sommer, im Liegestuhl unter Segeln an der Hafengaststätte »Palstek«, träumen sie wieder von eisigen Wintern.

KARTE ▶ F5

Was: Schwimmen, surfen, Boot fahren, angeln, eissegeln
Wo: Wolziger See bei Blossin, A 12, Abf. Friedersdorf; Erlebniswelt, Waldweg 10; Tel. 03 37 67/750; Fische-

rei; Tel. 03 37 67/8 04 56
Wann: immer
Essen & Trinken: Zur Fischerhütte; Nov.–März, Mo, Di geschl.
Web: www.blossin.de
Sonstiges: Angelkarten

(Barsch, Hecht, Karpfen) für den Wolziger See (Bereich Kummersdorfer Schleuse bis Auslauf Langer See) gibt es bei der Fischerei am See; Tel. 03 37 67/8 04 56

Bunker, Borschtsch und Bücher

Im Badehaus stapeln sich antiquarische Bücher; zerlesene und abgegriffene Militärgeschichte ist einer Obstkiste zu entnehmen – eine Zuflucht für Bücherwürmer sollte aus der Verbotenen Stadt werden, die bis zum Abzug der sowjetischen Truppen 1994 kein Zivilist gesehen hatte. Kaiserliches Militär, Reichswehr, Wehrmacht und Rote Armee hatten von Wünsdorf aus Kriege und Kalte Kriege geführt und riesige Bunker hinterlassen. Durch rostige Druckschleusen erobern jetzt Touristen die feuchten Katakomben »Zeppelin« und »Maybach«, studieren im Museum Roter Stern russischen Soldatenalltag und lassen so viel Vergangenheit im »Zapfenstreich« mit Borschtsch, einer russischer Kohlsuppe, ausklingen.

Nur mit Führung dürfen die feuchten Betonschächte betreten werden.

KARTE ▶ E5

Was: Den Weg von militärischer zu ziviler Nutzung betrachten
Wo: Wünsdorf; B 96; RE 3, RE 7
Wann: Bücherstadt tgl. 10–18 Uhr; Tel. 03 37 02/96 00; Bunkerführung Mo–Fr 14, Sa, So, feiertags Winter 13, 15, Sommer 12, 14, 16 Uhr; Roter Stern tgl. 10–18 Uhr
Wie viel: Bunkerführung 9 €

Essen & Trinken: Zum Zapfenstreich, Di–So 11–18 Uhr; Tel.: 03 37 02/6 06 72; Teestübchen, Do–Mo 11–18 Uhr, Tel.: 03 37 02/6 59 38
Web: www.buecherstadt.com

Gelegentliche Lichtblicke

»Helden auf Zeit« heißt eine Ausstellung. Ein Ölgemälde von Wilhelm Rudolph zeigt Staatschef Walter Ulbricht 1966, der nichts Staatsmännisches ausstrahlt. Die

Ausstellung »Büchsenwurst und roher Fisch« versammelt Stillleben, drei Bananen sind in »Post aus der Heimat« zu sehen. Wolfgang Liebert hat Dörrfische neben eine zerknüllte Prawda gelegt.

Auf Burg Beeskow wird gerettet, was untergegangen scheint, DDR-Kunst, als Auftragskunst entsorgt und verpönt. 23 000 Objekte, Gemälde, Druckgrafiken, Zeichnungen, Fotografien, Plastiken gingen mit dem Untergang der DDR in den Besitz der Treuhand und dann, je nach Fundort, ins Eigentum der neuen Bundesländer über, die sie auch nicht wollten. In einem feuchten Futterspeicher an der Spree hängen, liegen, stapeln sie sich nun wie in einer Abstellkammer. Manchmal werden sie befreit. Wolfgang de Bruyn, Herr über Tübke-Bilder und Leninköpfe, zeigt dann in der Burg, was aus der Öffentlichkeit verschwunden ist.

Regelmäßig widmen sich Sonderausstellungen einem speziellen Thema. Dafür werden im DDR-Kunstarchiv Gemälde und Kleinplastiken ausgesucht und restauriert.

Kunst, aus Gästehäusern, Fabriken und Erholungszentren ins Archiv geschickt.

KARTE ▶ G5

Was: Verschwundene DDR-Kunst betrachten
Wo: Burg Beeskow; Beeskow, Frankfurter Str. 23; Tel. 0 33 66/35 34 33; A 12, Abf. Fürstenwalde
Wann: Apr.–Sept. Di–So

10–20 Uhr, Okt.–März 11–17 Uhr
Essen & Trinken: Gut Hirschaue, OT Birkholz, An der Kirschaue 2; Tel. 0 33 66/15 27 90; Mi, Do, Fr 11–15.30,

Sa, So 11–18 Uhr; Spezialität Wild, So Gehegeführungen
Web: www.kunstarchiv-beeskow.de

Hexenwissen für alle

Es duftet und Bienen summen, und wenn man die Augen schließt, fehlt in der Mischung nur noch ein bisschen Salz, also das Meer, das Mittelmeer: harziger Rosmarin, würziger Thymian, kräftiges Basilikum, ganz fein der Geruch der seidenzarten Estragonblätter, alles ist da. Die schmalen pelzigen Blätter – klar doch, Salbei, bei dem intensiven Duft mit nichts zu verwechseln. Hier ist kein Mittelmeer, hier ist Niederer Fläming, und es wächst und blüht und duftet im Kräuterhexengarten. Genau genommen ist es ein Gesundheits-, ein Riech- und Fühlgarten; mit den Hexen im Namen will man neugierige Besucher locken, und das funktioniert. Selbst in Braille, in Blindenschrift, lässt sich ertasten, ob man ein Kraut richtig identifiziert hat. Hexenwissen braucht es nicht mehr, um die Heilkräfte von Kräutern und vermeintlichen Un-Kräutern zu nutzen, das Wissen darum ist kein Geheimnis mehr. Oder doch? Wer weiß schon, dass Vogelmiere mit Vitaminen und Mineralstoffen die Lebensgeister weckt? Wie junger

Mais schmecken die Blätter. Die Kamille kennt man als Tausendsassa, aber dass Vogelbeeren eine gute herb-süße Marmelade ergeben? Ein Besuch in Petkus lohnt.

Hippokrates hat seine Melancholie mit Veilchen vertrieben. Jedes Kraut nützt.

KARTE ▶ E6

Was: Wissenswertes über Kräuter erfahren
Wo: Kräuterhexengarten Petkus, Hauptstr. 18; Tel. 03 37 45/5 00 29; Anf. B 96, ab Baruth B 115
Wann: Mai–Sept, Di–Fr

10–16 Uhr
Essen & Trinken: Klostergewölbe, Dahme/Mark, Am Kloster 3; Tel. 03 54 51/9 10 51; Mi–So 11.30–14 und 18–22 Uhr; Spezialität Fläminger

Klemmkuchen
Web: www.vab-luckenwalde.de
Sonstiges: Im Laden nebenan Tee verkosten, Öl und Essig kaufen

TIPP 74

KRAUSNICK
Tropical Islands

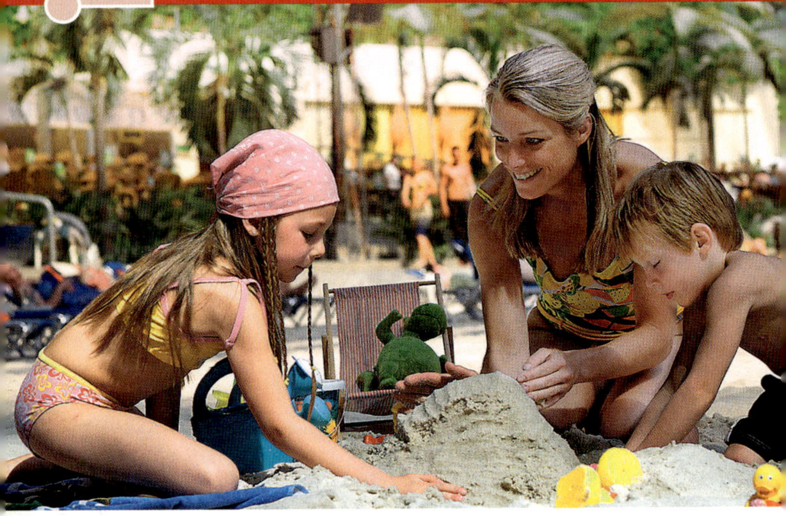

Der Sand kommt aus Italien, die Sonne jeden Tag verlässlich aus der Steckdose.

In Tropen tummeln

An Mangroven, Farnen und Lehmhütten vorbei führt der Weg durch den Regenwald, von hölzernen Brücken sieht man Schildkröten auf Inseln dösen, irgendwo schreit ein Pfau und ein Goldfasan flüchtet. Es soll auch Geckos geben. Der Regenwald ist das Biotop und neben Südsee und Bali-Lagune mit schneeweißen Stränden und künstlichen Wasserfällen die Hauptattraktion in der Tropenwelt, die eine Firma aus Malaysia in eine gigantische Produktionshalle in Brandenburgs Mischwälder gepflanzt hat. Zeppeline für den Güterverkehr sollten hier auf 6000 m² gebaut werden. Jetzt sperrt die größte freitragende Halle der Welt mit Palmen, Sommerwärme und tropischer Luftfeuchtigkeit Alltag und grauen Himmel aus. Man kann auch am Strand übernachten, wenn man möchte, oder im Zelt oder in einer exklusiven Lodge, an fast 365 Tagen im Jahr.

KARTE ▶ F6

Was: Tag in den Tropen verbringen, Erw. 25 €, Kinder ab 4 J. 19,50 €
Wo: Tropical Islands, Krausnick; Tel. 03 54 77/60 50 50; A 13 Richtung Dresden, Abf. Staakow; RE 2 bis Brand, Shuttlebus
Wann: immer
Essen & Trinken: Tropical Barbecue, Crêperie, Palm Beach Restaurant, Borneo Eiscafé, Lagoon Bar
Web: www.tropical-islands.de

Gefrorenes Licht

Aus der Hitze des Schmelztiegels, so scheint es, zieht und windet der Glasbläser das flüssige Glas, schiebt es wieder hinein, als ob es noch nicht genüge, und zieht endlich eine feuerrote Kugel heraus, pustet durch einen Stab und langsam verändert sich das gerade noch Kompakte, bläht sich zur Kugel wie ein Luftballon, dessen Haut dünner und durchsichtiger wird im Wachsen. Die Zuschauer, vor allem die Kleinen, halten den Atem an. Da beginnt er zu zaubern, aus der Kugel wird eine Wurst, bekommt Schwanz und Ohren: ein Hund.

Alles haben sie in Baruth schon gemacht seit 1716, sogar Rubinglas wurde geschmolzen und verarbeitet, und nachdem 1830 mithilfe von Schafsknochenasche Milchglas hergestellt werden konnte, wurden Lampenschirme und Zylinder produziert. 1965 war dann alles vorbei, die Geschichte ist hier zu besichtigen. Heute führen andere ihre Kunst vor, und die Zuschauer dürfen es auch probieren, dürfen sich eine Bewässerungskugel für den Blumentopf zu Hause blasen.

Berliner registrieren stolz, dass Reinhold Burger, der in der Wilhelm-Kuhr-Straße in Pankow seine Glasbläserei für medizinische Zwecke betrieb, dort Anfang des vorigen Jahrhunderts die Thermosflasche entwickelte. Er wurde in Baruth geboren, und so wird hier in der Glashütte an die Pioniertat erinnert.

Glas hat keinen Schmelzpunkt.

KARTE ▶ F6

Was: Besuch in der Glashütte
Wo: Baruth, Hüttenweg 20; Tel. 03 37 04/9 80 90; Anf. A 13, Baruth/Glashütte; RE 3 Klasdorf, 3 km Wanderung

Wann: Jan., Feb. Mi–So 10–16, März, Nov., Dez. Di–So 10–16, Apr.–Okt. Di–So 10–18 Uhr; Erw. 3,50 €, Kinder 3 € (Andenken inkl.)
Essen & Trinken: Gasthof

mit Biergarten im Museumsdorf
Web: www.museumsdorf-glashuette.de
Sonstiges: Töpfer, Schmied und Seifensieder

Straßen aus Wasser

»Es ist die Lagunenstadt im Ta-
schenformat, ein Venedig, wie es
vor 1500 Jahren gewesen sein
mag ... Man kann nichts Liebliche-
res sehen als dieses Lehde, das
aus ebenso vielen Inseln besteht,
als es Häuser hat. Die Spree bildet
die große Dorfstraße ... Wo sonst
Heckenzäune sich ziehen, um die
Grenzen eines Grundstücks zu mar-
kieren, ziehen sich hier vielgestal-
tige Kanäle ...« Die Sprache verrät,
dass es sich um einen älteren Text
handelt, er stammt von Theodor
Fontane, 1858. Er war einer der
ersten Touristen im Sorben-Gebiet.
Da trugen die Männer schon keine
Tracht mehr und die Frauen nur an
Feiertagen. So ist es auch heute,
selbst das Bild, das er zeichnete,
bedarf kaum der Korrektur, wenn
man von Touristenströmen an
Sommerwochenenden absieht.

Die Ortsbezeichnungen im Spreewald sind zweisprachig und waren
es auch zu DDR-Zeiten. Lehde/Ledy
war bis 1929 nur auf dem Wasserweg zu erreichen. Die Tiere wurden
in Ställen gehalten, die Wiesen waren zu sumpfig. Flächen für den Ge-
müseanbau hat man erhöht. Gut
erhaltene Bebauung aus dem
19. Jh. wurde in den 1950er Jahren

zu einem Freilandmuseum ergänzt,
aber als Museum versteht der kleine Ort sich nicht, eher als Teil eines
Biosphärenreservats seit 1990.
Den Zauber dieser Landschaft
muss man sich erfahren, vielleicht

KARTE ▶ G6

Was: Spreewald erfahren
Wo: Bootsverleihe in Lüb-
benau, Lehde, Burg;
Freilichtmuseum Lehde;
A 13 Lübbenau
DB Lübbenau
Wann: Ostern bis Okt.,

Sonderangebote
(Klassik-, Nacht-, Winterfahrten), Lehde tgl.
10–17/18 Uhr
Essen & Trinken: Schloss-
restaurant Lübben,
Lübben, Ernst-von-Hou-

wald-Damm 14; Tel.
0 35 46/40 78; Di–So
11–23 Uhr; Spreewälder
Spezialitäten
Web: www.spreewald.de;
www.spreewald-lehde.de

Auch für Umzüge ist das Wasser im Spreewald noch immer die Hauptstraße.

nicht mit Hunderten anderer Touristen im getakten Kahn, sondern mit dem Paddelboot. 1550 km Wasserläufe gibt es, Gräben, die hier Fließe heißen, und Kanäle, dazu 100 Wehre quer zur Fließrichtung, damit die Wasserstraßen auch in trockenen Sommern befahrbar bleiben. Im Frühjahr fährt man an sumpfdotterblumengelben Wiesen vorbei, beobachtet im Sommer die Störche mit ihren Jungen, sieht Mäusebussard und Rot-

milan ihre Kreise ziehen und bunte Libellen tanzen, Zwergtaucher und Höckerschwäne sind im Herbst auf der Durchreise. Verirren kann man sich nicht, die Gewässer haben Namen und beim Bootsverleih bekommt man einen Plan.

Im Spätherbst werden die Wehre erhöht, so dass Wasser die Wiesen überflutet. Das freut Fische, die im Winter laichen, und die Gäste, die im Winter mit den Einheimischen eislaufen.

Brandenburg wie Brandenburg

Wo Hauptstraße und Ritterstraße sich treffen, liegt die Jahrtausendbrücke. So alt ist sie nicht, wurde sogar erst 1929 eingeweiht und 1996 wieder neu aufgebaut, als die Stadt an der Havel ihr 1000-jähriges Bestehen feierte. Aber hier, an der Verbindung von Alt- und Neustadt, lag wohl der älteste durchgehend besiedelte Ort der Mark Brandenburg. Am Heinrich-Heine-Ufer legt die Havelfee zur Rundfahrt

KARTE ▶ C4

Was: Stadtbesichtigung zu Fuß und per Schiff; Havelfee, Heinrich-Heine-Ufer; Tel. 0 33 81/53 23 31
Wo: Brandenburg, A 2, DB
Wann: Industriemuseum, August-Sonntag-Str. 5;

Stadtmuseum im Frey-Haus, Ritterstr. 96; Mai–Okt. Di–So 10–17, sonst 10–16 Uhr; Slawendorf, Neuendorfer Str. 89c, Apr.–Okt. Do–So 13–17 Uhr

Essen & Trinken: Am Humboldthain, Plauer Str. 1; Tel. 0 33 81/33 47 67; Mi–Sa ab 15, So ab 12 Uhr
Web: www.stadtbrandenburg.de; www. fgs-Havelfee.de

Industrietürme prägen die Stadt immer noch ebenso wie ihre Kirchtürme.

bewältigen, Einsturz der Fundamente und Hausschwamm im Dachstuhl aufzuhalten. Das Dominikanerkloster St. Pauli von 1286, bis 1992 nur eine Ruine, ist seit Herbst 2008 mit 17 m hohem gotischem Mauerwerk ein atemberaubender Veranstaltungsort und auch das Archäologische Landesmuseum ist eingezogen. Im ehemaligen Stahl- und Walzwerk (1914–1994) führt nur noch eine Tagschicht durch das Industriemuseum mit dem letzten Siemens-Martin-Ofen Europas. Kinder dürfen Kräne, Loks und Fahrzeuge ausprobieren.

In der Spielzeugausstellung im Hofgebäude des Stadtmuseums ist dann zu sehen, was aus Brandenburg in die Kinderzimmer der Welt zog. Am weitesten in die Vergangenheit geht es im Slawendorf in der Neuendorfer Straße, wo bei Veranstaltungen der Alltag des 10. Jh. lebendig wird.

Da wirkt der mit 5,35 m doch sehr stattliche neustädtische Roland – das Neustädter Rathaus wurde 1945 zerstört – vor dem Altstädtischen Rathaus 500 Jahre jünger. Aber dass er ein Vogelnest auf dem Kopf trägt, wie Einheimische gern behaupten, ist nachweislich falsch. Fachleute haben herausgefunden, dass dort Donnerbart, auch Dach-Hauswurz genannt, gedeiht. Das muss nicht schlecht sein, der Legende nach schützt er vor Blitzeinschlag.

über Havel und Grachten ab. Das Schiff wurde 1940 gebaut, ist aber mit seinen beiden Salons auf der Höhe der Zeit. Schnell vermittelt sich das Gefühl, dass nach erster Erkundung vom Wasser aus viel zu besichtigen ist in Loriots (Vicco von Bülows) Geburtsort.

Bewohnbare Baudenkmäler aus Barock, Renaissance und Gründerzeit säumen das Straßenraster aus dem Spätmittelalter. Bevor 1998 im Dom von 948 wieder Musik erklang, waren aufregende Jahre zu

Sommer im Winter

Bei speziellen Führungen erfährt man, wer hier lebt.

Draußen ist Herbst oder Winter, aber hier flattert mit leichtem Flügelschlag ein bezaubernd blaues Ding durch Wärme und Grün, ein winziges Zebra kreuzt seine Bahn: Blauer Himmelsfalter und Zebrafalter heißen sie – wir sind im Schmetterlingshaus in der Biosphäre Potsdam. Warm ist es überall, zwischen 23 und 28 Grad, und die Luftfeuchtigkeit ist mit etwa 80 Prozent angenehm. Kinder rennen durch Palmenhain und Ficuswald, gleich beginnt die Koi-Fütterung. Bewegt sich etwas in der Höhle der Fledermäuse? Die Potsdamer Tropenwelt im Norden der Stadt, 5500 m^2 groß, ist das schönste Relikt der Bundesgartenschau aus dem Jahr 2001. 20 000 Pflanzen wachsen hier, Bäume, bis zu 14 m hoch, exotische Tiere und frei fliegende Vögel bevölkern sie. Irgendwo hinter Mangrovensümpfen rauscht ein Wasserfall. Zu sehen ist auch der Nachbau eines historischen U-Bootes, an dem man drehen und schalten kann. Das Schönste sind die Bullaugen oder das, was man dahinter sieht: In karibischer Unterwasserwelt schwimmen exotische Fische in schillernden Farben. Und plötzlich bricht ein tropisches Gewitter in den ewigen Sommer, aber man wird nicht nass. Manchmal werden Nachtwanderungen angeboten. Dann muss man eine Taschenlampe mitbringen.

KARTE ▶ D4

Was: Dschungel erleben
Wo: Biosphäre Potsdam, Georg-Herrmann-Allee 99; Tel. 03 31/2 75 92 33; Anf. B 2, DB und S Potsdam Hbf, Tram 90, 92
Wann: Mo–Fr 9–18, Sa, So 10–19 Uhr, Koi-Fütterung Sa, So 12 Uhr
Essen & Trinken: Luncheon, SB-Restaurant an Anfang und Ende des Rundgangs
Web: www.biosphaere-potsdam.de

Alles wie im Film

Der Vulkan bricht aus, auf den Straßen herrscht Chaos, und was sich dann hier abspielt, heißt Kampf: Mensch gegen Feuer, Mensch gegen Technik, auch Mensch gegen Mensch. Rasante Verfolgungsjagd, Autocrash, springende Motorräder. Hitze breitet sich aus. Der Mann, der rennt, hat Feuer und 1000 Grad im Rücken. Er ist Stuntman und gehört zu denen, die immer großem Publikum eine halbe Stunde lang nichts als Nervenkitzel liefern.

Wie groß die sind, der kleine Tiger und der kleine Bär! Die Kinder staunen bei ihrer Bootsfahrt durchs Janosch-Traumland. Wo geht´s nach Panama? Immer links, wie die Wegweiser zeigen, man müsste lesen können. Wer schreiben kann, könnte dem Bären einen Brief schicken. Es gibt Briefkästen in den Bäumen. Und die Berliner Straße, stand die nicht in der »Sonnenallee«? Stimmt. Die Westernstraße erinnert man-chen an den 1966 gedrehten DEFA-Film »Die Söhne der großen Bärin«. Echte Film-Nuggets liegen im Wasser.

Wer morgens um zehn schon hellwach ist, kann das Sandmännchen mit Spitzbart und Fuhrpark bei der Tagschicht besuchen. Oder im Fernsehstudio 1 selbst im Rampenlicht stehen. Oder im 4-D-Actionkino die nächste Dimension einer Welt der Illusionen testen oder, oder, oder …

Feuer kommt aus dem Brenner, das Kühlgel schützt.

KARTE ▶ D4

Was: Filmpark Babelsberg besuchen
Wo: Potsdam Babelsberg, Eingang Großbeerenstr.; Tel. 03 31/7 21 27 50; Anf. A 115, RE 7 Medienstadt
Wann: Apr.–Okt. tgl. 10–18 Uhr; außerhalb der Ferienzeiten Berlin/Brandenburg am Mo geschlossen; Eintritt 19, Kinder (4–14 J.) 13 €; Familienkarte (2 Erw. + bis zu 4 Kinder bis 14 J.): 60 €
Essen & Trinken: Restaurant Prinz Eisenherz; Kinderrestaurant »Köhler Jeromir«; weitere Imbisse auf dem Gelände
Web: www.filmpark-babelsberg.de

Verschenkte Sänger

Kerzen flackern und zaubern Leben in die Ikonen. Sie wurden um 1828 auf Lavastein gemalt. Etwa 1000 orthodoxe Gläubige verschiedener Nationalitäten betreut der Erzpriester in der rosa Kirche auf dem Kapellenberg über der russischen Kolonie Alexandrowka. Den Namenspatron der Alexander-Newski-Kirche, Fürst von Nowgorod, als Retter des Russischen Reiches heilig gesprochen, sieht man über dem Südtor, im Norden Theodorus Stratilates, den Schutzheiligen der Soldaten. Für sie hat Friedrich Wilhelm III. die Kirche – nach dem Vorbild einer Kiewer Kirche – von Karl Friedrich Schinkel bauen lassen. Die Soldaten hatte ihm Zar Alexander I. geschenkt.

Nicht nur ein Militärbündnis gegen Napoleon hatte die Freundschaft von Preußen und Russen besiegelt, der König liebte zudem die russische Volksmusik. Aus 62 russischen Gefangenen wählte er die Musikalischsten für einen russischen Sängerchor aus, teilte diesen dem 1. Garde-Regiment zu, und mit Gesang, Tamburin und Glöckchenklang begleiteten sie das preußische Heer bis Paris. Als Geschenk des Zaren blieben sie

KARTE ▶ D4

Was: Russische Kolonie besichtigen
Wo: Potsdam, nördl. des Stadtzentrums; Anf. B 2, Potsdam Hbf. Tram 92, 95
Wann: Kolonie immer, Museum Di–So 10–18 Uhr; Tel. 03 31/8 17 02 03
Wie viel: Museum 3,50 €
Essen & Trinken: Alexandrowka; Tel. 03 31/2 00 64 78; März–Dez. tgl. 11.30–22, So bis 20 Uhr; Jan., Feb. Mi–So 12–18 Uhr
Web: www.alexandrowka.de
Sonstiges: Die schönste

Vom einstigen russischen Leben erfährt man heute nur noch im Museum.

dann am Hof in Potsdam. Starb ein Musiker, schickte der Zar neue.
Nach dem Tod des Zaren 1825 wollte Friedrich Wilhelm ihm und der innigen Freundschaft ein bleibendes Denkmal setzen. Gartenbaudirektor Peter Joseph Lenné erhielt den Auftrag, ein russisches Dorf zu entwerfen, ein Stück Heimat eben, aber nicht zu teuer. Die billige Lösung hieß Fachwerk, dann wurden runde Holzbohlen an die Außenwände genagelt. An Schnitzwerk und Ornamenten für Giebel und Fensterrahmen der 14 Häuser wurde nicht gespart. Die Anlage bildet ein Andreaskreuz, zu Ehren des in der russischen Kirche wichtigen Apostels Andreas.
Der König, in russischer Schuld, wollte seine Sänger gut behandeln, und so bekam jeder Zwangssiedler eine Kuh und eine Wiese dazu, eine

Uhr für jedes Zimmer, Schüsseln und Töpfe für die Küche und eine Wiege für den Nachwuchs. Mit Tanz und selbstverständlich Gesang zogen sie 1827 ein. 1830 sollen sie das letzte Mal für den König gesungen haben. Die Häuser durften nicht verkauft und nur an Söhne vererbt werden. So fielen sie nach und nach an den König zurück, der sie verdienten Feldwebeln gab. Nur an einem Türschild ist noch ein russischer Name zu lesen.
Im Haus Nr. 1 in der Mitte des Andreaskreuzes gibt es heute ein russisches Restaurant, in dem Bliny Zar, Tee aus dem Samowar, aber auch Kwas und Krimwein auf der Karte stehen. Haus 2 ist Museum. Dort im Eingangsbereich hielten die ersten Einwohner der Kolonie eine Kuh und bewahrten das Heu auf. Neugierige blättern heute in Büchern und Forschungsarbeiten zur Russischen Kolonie und rufen am Info-Terminal Bilder und Filme aus dem immer größer werdenden Archiv auf. Getränke und Kuchen gibt es im Bistro. Auf dem Gelände wachsen Äpfel, die Steirische Schafsnase, und Birnen, die Winterforelle heißen, alte, regionale Sorten. Wie bei Lenné damals.

Aussicht über Potsdam und Havelseen bis nach Berlin bietet der nahe gelegene Pfingstberg im Norden mit dem Belvedere, das Friedrich Wilhelm IV. um 1850 errichten ließ. Das Ensemble von Turm, Pomonatempel und Park wurde mit Spendengeldern restauriert und zur romantischen Kulisse für Sommerkonzerte, Theatertage wie Mondnächte. Den Turm kann man von Apr. bis Okt. tgl. besteigen. www.pfingstberg.de

Fahrendes Volk

Nein, man holt nicht die Wäsche rein, wenn die Gaukler kommen. Ob sie in Glindow, in Potsdam, in Brandenburg oder Berlin auftreten, der exzellente Ruf der internationalen Wandertheatergruppe eilt ihr voraus, und vorsichtshalber werden noch Stühle bereitgehalten. Die Faszination der bunten Truppe, die seit 1992 von Glindow aus über Stadt und Land zieht, liegt nicht nur im Programm, das von »Hamlet« über »Doctor Faustus« und »Don Quijote« bis zum eigenen »Perpetuum Mobile« reicht. Unter Leitung von David Johnston und Margarete Biereye erzeugen Energie und Leidenschaft der Schauspieler immer wieder eine Begeisterung, von der manches feste Theater träumt. Ihre Mittel und Bühnenbilder sind meist einfach, die unterschiedlichen Akzente der Spieler, aus Südamerika oder England, werden zur Typisierung oder für tonales Verfremden eingesetzt, man spielt draußen und ist leicht erreichbar, zu Fuß wie intellektuell. »Ton und Kirschen« macht Spaß.

Einst ein Skandalstück: »König Ubu«.

KARTE ▶ D4

Was: Theater
Wo: Werder/Glindow Ton und Kirschen, Dr.-Külz-Str. 115; Tel. 0 33 27/4 04 11
Wann: Spielorte und Programm auf der Homepage
Essen & Trinken: Hafenrestaurant Ernest (Resort Schwielowsee), Am Schwielowsee 120, Werder-Petzow; Tel. 0 33 27/5 69 60; Mi–So ab 12 Uhr; ambitioniertes Fischrestaurant

Web: www.tonundkirschen.de
Sonstiges: Im nahen Caputh am Schwielowsee kann man Albert Einsteins Sommerhaus besuchen; Apr.–Okt. Sa, So 10–18 Uhr

Auch Zierkirschen sind Nutzpflanzen, erfreuen sie doch Spaziergänger.

Obst und Havel

Wilder, so scheint es, setzt sich südlich von Potsdam fort, was dort als Kulturlandschaft gezähmt ist. Die Havel fließt – nach ihrer schönsten Kurve, dem Schwielowsee – wieder nach Norden, verharrt in Seen, damit sich Schlösser und Bäume spiegeln, und der Werderaner Obstweg begleitet sie ein Stück. 15 km ist er lang, somit auch ein schöner Fahrradweg nicht nur an Etagenobstflächen vorbei, nach historischen Vorbildern angelegt. Hinter Obstwiesen und einer riesigen Süßkirschenanlage streift er auch Schloss, Schinkelkirche und Lennés Park in Petzow, Glindower See und Ziegeleimuseum und führt schließlich zum Lilienthal-Denkmal auf dem Derwitzer Mühlenberg. Zum Baumblütenfest im Mai kommen Tausende, viele wegen des Obstweins, den sie hier Bretterknaller nennen.

KARTE ▶ D4   ✗ ☆ ⅙ ⬛ ♨ ⬜

Was: Panoramaweg erwandern oder -fahren
Wo: Werder; Anf. B 1, DB Werder/Havel
Wann: am schönsten zur Baumblüte Apr./Mai
Essen & Trinken: Galeriecafé, Werder, Am Markt; Tel. 0 33 27/73 26 94; Mo–Fr ab 13, Sa, So ab 11 Uhr
Web: www.werderhavel.de
Sonstiges: Petzow, Schinkelkirche von 1842; März–Okt. Fr 13–18, Sa, So 11–18 Uhr, Nov.–Feb. Fr–So 13–17 Uhr; zur DDR-Zeit entwidmet, heute finden Ausstellungen, Konzerte und Hochzeiten statt. Schöner Blick vom Grelleberg.

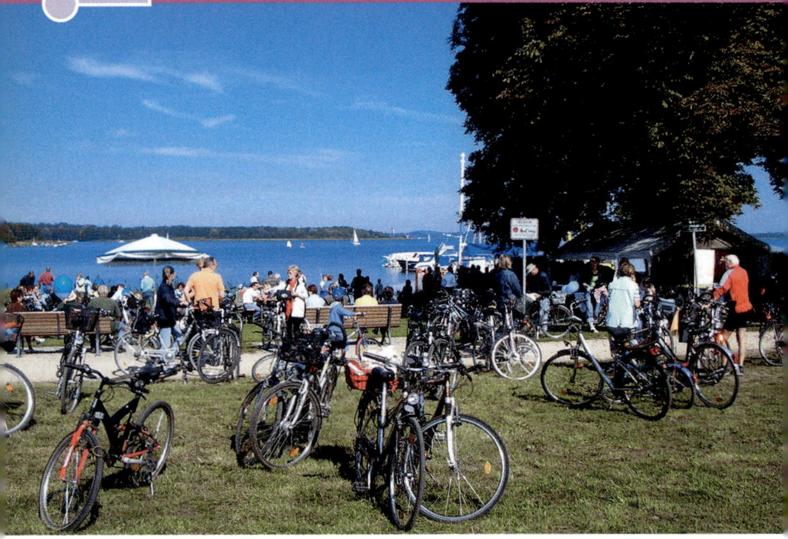

Rast am Europaradweg R 1 mit Blick auf den Schwielowsee.

Das schönste Stück

Zwischen Calais und St. Petersburg liegt der Schwielowsee. Auf den fast 209 km, die der insgesamt 3500 km lange Europaradweg R 1 von Westen nach Osten durch Brandenburg und Berlin führt, liefert die Havel mit dem Schwielowsee den schönsten Grund zur Pause. Sie lockt verführerisch mit den Ausläufern der Potsdamer Kulturlandschaft, einem Arkadien, von Gartenkünstlern aus märkischem Sand gezaubert. Im Süden liegt, in Kiefernhügeln fast versteckt, die einstige Malerkolonie Ferch. Nördlich folgt Caputh, wo Einstein drei Sommer in seinem Häuschen genoss. Im Speisesaal des Schlosses bläst der Wind auf 7000 holländischen Fayencefliesen in die Segel der Schiffe. Auf der Seilzugfähre erreicht man Petzow am anderen Ufer mit der Schinkelkirche und einem traumhaften Blick vom Turm.

KARTE ▶ D4

Was: Radtour am Schwielowsee
Wo: Ferch, Caputh, Geltow, Petzow
Wann: Fähre, Tel. 03 32 09/7 18 48; Apr.–Nov. tgl. 6–22, Nov.–März Mo–Fr 6–20, Sa, So 7–20 Uhr; Schloss Caputh; Tel. 03 32 09/7 03 45; Mitte Mai–Mitte Okt. Di–So 10–17, Winter nur WE
Essen & Trinken: Fährhaus Caputh, Tel. 03 32 09/7 02 03; Apr.–Okt. tgl. ab 12, März–Nov. Sa, So ab 12, Dez. Sa, So 12–20 Uhr
Web: www.schwielowsee-tourismus.de

Freundliche Pferde für Anfänger

Im Schritttempo reitet die kleine Gesellschaft durch das hohe Gras im Naturpark Hoher Fläming und verschwindet gleich darauf im Duft des Kiefernwaldes. Fast alle sind Neulinge und haben sich für den ersten Ritt überhaupt oder nach langer Zeit für den Erlebnisbauernhof Groß Briesen im Süden Berlins entschieden, weil es hier Islandpferde gibt. Mit 1,35 bis 1,45 m sind sie kleiner als Großpferde, gelten als robust, sozial und freundlich; oft mit breiter Blesse und großen Augen sind sie auch noch einnehmend schön. Ohne Angst und Drill soll man hier lernen, mit Pferden umzugehen und mit ihnen die Natur zu erleben. Striegeln, von der Koppel holen, selbst satteln und trensen und Hufe auskratzen, das lernen auch Kinder, bevor sie – zunächst am Führzügel – die ersten Schritte auf und mit dem Pferd machen. Erwachsene mit vergessener Erfahrung finden sich schnell wieder ein, und Fortgeschrittene können jederzeit zum zweistündigen Ausritt kommen, wenn sie sich vorher anmelden.

Islandpferde bleiben reinrassig, denn die Einfuhr von Pferden ist in Island verboten.

KARTE ▶ B5

Was: Reiten auf Islandpferden
Wo: Belzig, OT Briesen, Reiter- und Erlebnisbauernhof, Kiez 11; Tel.

03 38 46/4 16 73
Wann: immer nach Voranmeldung
Essen & Trinken: Verpflegung auf dem Hof bei Tagesritten inkl.

Web: www.erlebnis bauernhof.info
Sonstiges: Erwachsenen-WE für Einsteiger 120 €

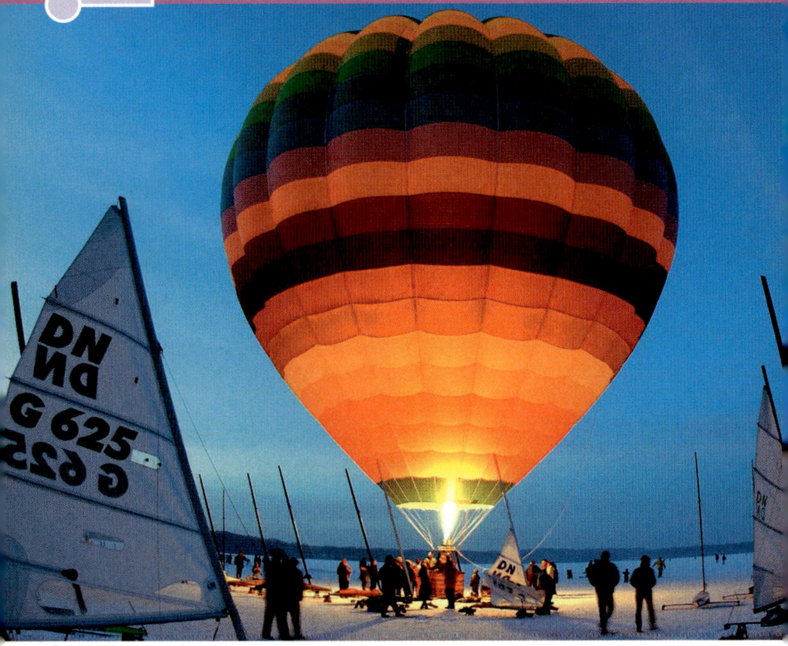

Auch Winter ist Ballonfahrerzeit, hier auf dem Eis der gefrorenen Havel in Caputh.

Über den Himmel fahren

Ganz platt liegen 1600 m^2 Stoff auf der Wiese. Nach Stunden, in denen Luft hineingeblasen und erwärmt wurde, ist daraus ein 27 m hoher Ballon entstanden, der seine Passagiere über das Land trägt, immer morgens oder abends, weil sonst thermische Böen stören. Richtung und Geschwindigkeit bestimmt nur der Wind – solange er schwächer als 10 km/h bläst. Und dann fährt man im Korb über die kleiner werdenden Häuser, sieht Rehe äsen, Vogelschwärme, 60 bis 90 Min. lang. Und wer nach der Ballonfahrertaufe von Fliegen spricht, gibt eine Runde aus.

KARTE ▶ C5

Was: Ballonfahren
Wo: Startplatz Ballonhafen Berlin, Linthe, A 9, Ausf. Brück/Linthe; Aufbau und Fahrt 4–5 Std.; ab 159 € pro Pers. (ab 12 J.); Anmel-

dung: Ballonhafen Berlin, Pflügerstr. 2; Tel. 030/ 6 94 41 58
Wann: bis 2–3 Std. nach Sonnenaufgang, 2–3 Std. vor Sonnenuntergang

Essen & Trinken: Ballonfahrertaufe »Linther Hof«
Web: www.ballonhafen-berlin.de

Mittelalter im Mittelgebirge

Raben heißt das Dorf und die Burg aus Granitquadern und Felsensteinen auf dem 153 m hohen Steilen Hagen Burg Rabenstein. Schönstes Mittelalter in den Wäldern des Naturparks Hoher Fläming an der Grenze zu Sachsen-Anhalt, aus einer Zeit, als man Fremde noch notfalls mit Gewalt fernhalten wollte, und mit allem, was zu einer richtigen Burg gehört: Bergfried, Rittersaal, Folterkammer, Kapelle, Brunnen, Backhaus und Scheune. Das kann man besichtigen, den Bergfried hinaufklettern – und sieht nichts als Wald.

Försterei und Jugendherberge war Rabenstein schon, heute firmiert die Burg unter »Herberge mit Ausschank« und wirbt für stilechte Hochzeitsfeiern. Aber Ostern kommen die Ritter. Dann klingen die Schwerter und Rüstungen rasseln, Spielleute und Gaukler unterhalten das Volk, das beim Ritteressen nicht zu kurz kommt. Dann staunen die Frettchen und Käuzchen und in ihren Volieren wohl auch die abgerichteten Wanderfalken, Steinadler und Uhus, die der Falkner jeden Nachmittag zur Freude nicht nur der Kinder fliegen lässt. Sie kommen schließlich wieder zurück.

Immer Ostern lebt das Mittelalter auf.

KARTE ▶ C6

Was: Burg und Falken besichtigen
Wo: Burg Rabenstein; Tel. 03 38 48/6 02 21; Anf. A 9 bis Klein Marzehns; RE 3 bis Belzig; R 1

Wann: Burg tgl. bei Tageslicht; Falkenvorführung Apr.–Mitte Okt. Di–So 14.30 Uhr
Essen & Trinken: in der Burg

Web: www.burgrabenstein.de
Sonstiges: Mittelaltermarkt und Spektakel mit Gauklern im Sept., Weihnachtsmarkt an Advents-WE

Spaß oder Mutprobe

Bei Höhenangst fällt Lächeln schwer,
wenn unten tiefe »Eimer« drohen.

Nein, ein Garten sieht anders aus:
Die kronenlosen Bäume ragen kahl
in den Himmel, selbst die Äste sind
abgesägt. Verkabelt scheinen sie,
mit Seilen verbunden. Plattformen
schweben in 12 m Höhe, und Menschen jeden Alters hangeln sich
von einem Stamm zum anderen,
hängen an Karabinerhaken und tragen Sturzhelme, rufen sich gegen-
seitig etwas zu, kichern, schaukeln
und fallen dann auch, sichtlich er-
schrocken, aber doch gehalten, auf
sicheren Boden.

Das Grundgerüst aus 12 m hohen
Baumstämmen trägt 20 Stationen,
da müssen so genannte tiefe Eimer
überwunden werden. Ganz oben,
nur auf dem winzigen Stamm,
muss man stehen – wer unter Höhenangst leidet, mag gar nicht hin-
sehen –, von Plattform zu Plattform
soll man springen. Klettergarten ist
eine Herausforderung, zweifellos.
Hier kann man seine Körperbeherr-
schung perfektionieren, seine
Waghalsigkeit testen, zuerst in der
Hoffnung und dann späteren Ge-
wissheit, dass man aufgefangen
wird. Schärfste Prüfung für die, die
im Team kommen und an einem
Gruppenkurs teilnehmen: Mit geschlossenen Augen dem Team in
die Arme springen ... Da steigt der
Adrenalinpegel. Die meisten, so
sieht es aus, bewältigen den Hin-
dernisparcours, wie Bergsteiger
gesichert, immer wieder, nur so,
einfach zum Spaß.

KARTE ▶ D5

Was: Klettern
Wo: Hochseilgarten
Luckenwalde, Teichwie-
senweg
Wann: März–Okt.; Schnup-
perkurse jeden 3. So im
Monat, 2,5 Stunden; 25 €;
Tel. 0 33 71/40 10 80
Essen & Trinken: Land-
haus Alte Schmiede, Nie-
megk-Lühnsdorf, Dorfstr.
13; Tel. 03 38 43/92 20;
Reservierung empfohlen;
Di geschl.; feine und def-
tige Regionalküche, Bier-
garten
Web: www.flaeming-
hochseilgarten.de

Skater undercover

210 km auf feinstem Asphalt bietet die Flaeming-Skate, da fällt die Auswahl schwer, wenn man nur einen Tag durch Niederen Fläming und Baruther Urstromtal rollen will. Man könnte sich für den Rundkurs 1 entscheiden, 94 km lang, 3 m breit, mit allen Schwierigkeitsgraden. Er ist das Herzstück des Abenteuers Flaeming-Skate, das 1995 als Vision entstanden ist und in Undercover-Planung als Radweg konzipiert wurde. Schließlich sollte es etwas Einzigartiges werden, und alle in Brandenburg suchten nach Ideen, den Tourismus zu befördern. 2002 wurden die ersten 100 km eingeweiht, 2005 schon gab es die Europameisterschaft im Speedskating, und die Flaeming-Skate ist noch längst nicht zu Ende gebaut.

Der Rundkurs 1 führt über Luckenwalde, Jüterbog, Dennewitz, Wiepersdorf und Petkus. 20 Orte sind es insgesamt, von denen jeder mindestens eine Pause lohnt, den flotten Skater mit Freibad (Oehna, Wahlsdorf) oder Gasthaus zu bremsen versucht, mit Besichtigungen (Kloster Zinna, Wildpark Johannismühle) aufhalten will. Aber das kann man sich für eine längere Tour vormerken, wenn es einen Tag lang nicht nur sportlich sein soll.

Es ist unmöglich, durch den Fläming zu fahren, ohne auf Skater zu treffen.

KARTE ▶ D6

Was: Skaten auf der Flaeming-Skate
Wo: ab Jüterbog, Luckenwalde, unterschiedliche Touren im Web
Wann: tgl. bei gutem Wetter, Mondscheinskaten in Niedergörsdorf oder Ließen/Petkus
Essen & Trinken: Erlebnishof Jüterbog-Werder, Dorfstr. 34; Tel. 0 33 72/4 43 80
Web: www.flaeming-skate.de
Sonstiges: Alle Strecken der Flaeming-Skate sind auch für Radfahrer zugelassen

Wissenswertes über Berlin & Umland

Veranstaltungen in Berlin

Internationale Grüne Woche
Eine Messe und Ausstellung für Ernährungswissenschaft, Landwirtschaft und Gartenbau, aber die Berliner strömen zu Tausenden in die Messehallen, um zu probieren, was in anderen Ländern gegessen und getrunken wird.
Messegelände; www.gruenewoche.de

Lange Nacht der Museen
Theater, Musik, Lesungen in den meisten Museen bis Mitternacht, Wiederholung im August.
www.kulturprojekte-berlin.de

Fashion Week
Modeschauen von Avantgarde bis Streetware an ausgefallenen Orten, meist für Fachbesucher, aber mit öffentlichen Showrooms. Beim Designer Sale kann man Kollektionen vergangener Jahre günstig erwerben.
www.berlin-fashionweek.de

Berlinale
Es begann 1951, und seit 1956 werden einmal im Jahr bei den Internationalen Filmfestspielen Goldene und Silberne Bären verliehen. Neben internationalen Stars finden immer mehr Besucher den Weg in die Festspielkinos, in denen engagierte Filme aus aller Welt gezeigt werden. Eintrittskarten gibt es ab eine Woche vor Beginn.
www.berlinale.de

Internationale Tourismusbörse
Die weltgrößte Reisemesse mit Ausstellern aus Ländern, deren Namen man vielleicht noch nie gehört hat. Es gibt viel buntes Papier nach Hause zu tragen, während Fachleute zur selben Zeit darüber konferieren, wie der Reisemarkt zu weiterem Wachstum angeregt werden kann.
Messegelände; www.itb.de

Karneval der Kulturen
Internationale Trachten, Traditionen und Tanzstile – mit diesem Pfingstfest wird Kreuzberg so, wie man es sich schon immer vorgestellt hat: eine bunte Mischung von Immigranten und Gästen.
Hermannplatz bis Blücherplatz;
www.werkstatt-der-kulturen.de

Theatertreffen
Aus allen Produktionen junger Ensembles aus Deutschland, Österreich und der Schweiz wählt eine Jury etwa zehn Inszenierungen aus, die dann zur Leistungsschau des deutschsprachigen Theaters an der Spree werden.
www.berlinerfestspiele.de

Christopher Street Day
Parade der Lesben und Schwulen und Stadtfest um den Nollendorfplatz.
www.csd-berlin.de

Tausende säumen die Straßen, wenn Pfingsten der »Karneval der Kulturen« beginnt.

Staatsoper für alle
Opern-Live-Übertragungen.
Bebelplatz; www.staatsoper.de

Lange Nacht der Wissenschaften
Vorträge, Führungen, Kulturpro-
gramme in zahlreichen wissen-
schaftlichen Einrichtungen.
Berlin und Potsdam;
www.langenachtderwissenschaften.de

Fête de la Musique
Kostenlose Konzerte aller Stilrich-
tungen in der ganzen Stadt.
www.fetedelamusique.de

JULI

Classic Open Air
Musik, Musik, Musik auf einer der
schönsten Freilichtbühnen Berlins:
auf dem Gendarmenmarkt vor dem
Konzerthaus.
www.classicopenair.de

AUGUST

Young.euro.classic
Jeden Sommer stellen sich Jugend-
orchester aus aller Welt im Konzerthaus vor.
www.young-euro-classic.de

Internationales Tanzfest
Spitzentruppen der internationalen
Tanzavantgarde lassen in der Komi-
schen Oper, im Hebbel-Theater, im
Theater am Halleschen Ufer und im
Podewil Discogänger vor Neid er-
blassen.
www.tanzimaugust.de

Mondkuchenfest
Am 15. Tag des achten Monats hat
der Mond den geringsten Abstand
zur Erde, das wird in den Gärten
der Welt am darauffolgenden WE
gefeiert.
www.gaerten-der-welt.de

September

Berliner Festwochen

Zwei Monate lang Konzert, Theater, Musiktheater, Tanz und Diskussionen bei jährlich neuem Schwerpunkt: So präsentiert sich die größte Veranstaltung der Berliner Festspiele. Vor allem junge Kunst steht im Mittelpunkt und soll in breitem Spektrum erlebbar sein. Ur- und Erstaufführungen zeigen, was sich in anderen Ländern entwickelt.

Verschiedene Orte;
www.berlinerfestspiele.de

Popkomm

Musikmesse für Fachpublikum und Öffentlichkeit, Festivalkonzerte.

Flughafen Tempelhof, KulturBrauerei;
www.popkomm.com

Internationale Funkausstellung

Die weltgrößte Messe der Unterhaltungs- und Kommunikationselektronik präsentiert internationale Neuheiten aus allen Bereichen der Informationstechnologie. Hörfunk- und Fernsehsender sind mit »gläsernen« Studios dabei und die Stars noch näher als in der ersten Reihe.

Messegelände; www.messe-berlin.de

Art Forum Berlin

Die internationale Messe für Gegenwartskunst zieht Kunstliebhaber aus der ganzen Welt an. Von Video und Fotografie über Malerei, Skulptur und Installation bis hin zu Arbeiten auf Papier sind sämtliche Medien künstlerischen Ausdrucks des 21. Jh. vertreten.

Messe und verschiedene andere Orte;
www.messe-berlin.de

Berlin-Marathon

42,195 km durch Berlin. Start des größten internationalen deutschen Marathons ist an der Siegessäule auf der Straße des 17. Juni, das Ziel liegt am Brandenburger Tor. Jedes Jahr starten ca. 40 000 Sportler.

www.scc-events.com

Oktober

Festival of Lights

Zwei Wochen lang werden Berliner Wahrzeichen in kunstvolles Licht getaucht und somit verfremdet, was nicht nur Profifotografen entzückt.

www.festival-of-lights.de

November

JazzFest Berlin

Das traditionsreichste Jazzfest des Landes, das offensichtlich Großeltern und ihre Enkel besuchen.

www.berlinerfestspiele.de

Dezember

Weihnachtsmärkte

Davon gibt es einige, sogar ausländische, die schönsten finden am Breitscheidplatz, am Gendarmenmarkt und in Spandau statt. Nostalgisch, ohne elektrisches Licht und Karussells, geht es am 2. Advent auf dem Richardplatz in Neukölln zu.

www.berlin.de/orte/weihnachtsmaerkte

Silvesterparty

Rund um das Brandenburger Tor und bis zur Siegessäule feiern mehr als eine Million Menschen.

www.silvester-in-berlin.de

Veranstaltungen im Berliner Umland

APRIL

Mittelalterspektakel
Ritterturnier, Musik, ein mittelalterlicher Markt und Ritteressen.
Burg Rabenstein; Ostern;
www.burgrabenstein.de

Walpurgisnacht
In Rüdersdorf findet das größte Hexenspektakel außerhalb des Harzes statt.
Rüdersdorf; 30. April;
www.museumspark.de

APRIL–DEZEMBER

Fercher ObstkistenBühne
Auf einem alten Bauernhof in Ferch, im Schatten einer 100-jährigen Linde, erleben Besucher Lieder, Gedichte, Kabarettszenen und Zaubersprüche, aber auch Texte von Fontane zum Zuhören, Mitsingen und Mitklappern.
www.fercherobstkistenbuehne.de

MAI

Hafenfest
Tanz, Markttreiben am Bollwerk und großes Drachenbootrennen.
Neuruppin; 1. Sa; www.neuruppin.de

Obstblütenfest
Aufregende Wochen vor dem Fest: Blühen sie schon oder noch oder gerade richtig? Karussells, Klamauk und Obstweinproben bis zur Erschöpfung.
Werder; WE Mitte Mai;
www.werder-havel.de

Märkisches Dampfspektakel
Die Ziegelei Mildenberg präsentiert eine historische Technikschau, vom 20-Tonnen-Koloss bis zur nussschalenkleinen Maschine.
Zehdenick; www.ziegeleipark.de

Jazz in E.
E. ist Eberswalde, und in der Himmelfahrtswoche werden die interessantesten Plätze der Stadt vier Tage lang, von Mo bis Sa, international bespielt.
Eberswalde; Himmelfahrtswoche, jeweils 20 Uhr; www.mescal.de

MAI–AUGUST

Klassik im Grünen
Das Grüne ist der ehemalige Schlosspark in Buckow, dort wird in idyllischer Naturkulisse an zwei Sonntagen im Monat klassische Kammermusik geboten.
Buckow; jeden 2. So, 16 Uhr;
www.maerkischeschweiz.de

Kultur in der Natur
Konzerte, Theater, Kleinkunst für Kinder und Erwachsene auf dem Pfingstberg.
Potsdam; www.pfingstberg.de

MAI–DEZEMBER

Caputher Musiken
An einem Sa im Monat Aufführung von Barock bis Tango im Schloss, in der Stüler-Kirche, im Kavaliershaus des Schlosses und im Garten von Einsteins Sommerhaus.
Caputh; www.caputher-musiken.de

JUNI–AUGUST

Choriner Musiksommer
Open-Air-Konzerte bekannter Solisten und Orchester im Kloster.
Chorin; Sa, So 15 Uhr;
www.musiksommer-chorin.de

Internationales Festival Junger Opernsänger
Sie singen und die Besucher sitzen im Ehrenhof des Schlosses, träumen in den Sonnenuntergang oder im »Heckentheater« im Park.
Schlosstheater und Schlosspark Rheinsberg; Do, Fr, Sa, So, 11, 18 oder 20 Uhr; www.kammeroper-schloss-rheinsberg.de

JUNI–SEPTEMBER

Kirchensommer Brodowin
Jeweils an einem Sa im Monat Abendkonzert von Gospel bis Blechbläser in der Stüler-Kirche oder auf der Halbinsel Gotteswerder.
Brodowin; www.kirchensommer-brodowin.de

JULI

Bebersee Festival
Das Festival soll musikalischen Nachwuchs fördern und gleichzeitig internationale Gäste, Künstler wie Besucher, in die Schorfheide locken. Der Spielort ist ungewöhnlich: der Hangar des ehemaligen sowjetischen Militärflughafens Groß Dölln. Klaviermusik, Kammermusik, Lieder, Sinfonien.
Flughafen Groß Dölln (nördl. Groß Schönebeck); 1 Woche im Juli, 19 Uhr; www.bebersee.de

JULI–AUGUST

Theatersommer Netzeband
Bekannte Theater- und Filmschauspieler übernehmen die Hauptrollen im Tonstudio und sind bei der Theateraufführung im Park zu hören. Text, Sound, Masken und Tanz verschmelzen zum Gesamtkunstwerk.
Netzeband; Fr, Sa 20.30 Uhr; Kinderprogramm Sa, So 15 Uhr;
www.theatersommer-netzeband.de

AUGUST

Storchenfest in Linum
Die Abreise der Störche in den Süden wird mit Festmeile, Bauernmarkt, Kutsch- und Bootsfahrten und Führungen gefeiert. Höhepunkt des Festes ist die Taufe eines Jungstorchs.
Linum; 1. WE; www.berlin.nabu.de/projekte/linum

Ribbecker Sommernacht
Oper, Tanz und Artistik auf mehreren Bühnen um Schloss, Kirche und Birnbaum.
Ribbeck; www.ribbeck-havelland.de

Spreewälder Lichtnächte
Musikalisch-kulinarische Nachtpartien durch den Spreewald.
Lübbenau; www.spreewaldkonzerte.de

Potsdamer Schlössernacht
Die illuminierten Schlösser sind Kulisse für ein opulentes Programm mit Theater, Musik, Lesungen, Tanz, Essen und Trinken, das mit einem Musik-Feuerwerk endet.
Sanssouci, Potsdam; 3. WE;
www.schloessernacht-2010.de

Wasserspiele Templin
Fest am See mit Ausstellung, Film, Konzerten und Lichtkunst.
Templin; 1. WE;
www.multikulturellescentrum.de

OKTOBER

Deutsch-polnisches Erntedankfest
Am anderen Oderufer liegt Polen, da bietet sich manche gemeinsame Veranstaltung an wie der Wettbewerb im historischen Kochen oder das jährliche gemeinsame Erntedankfest.
Altranft; Erntedankfest; www.freilicht-museum-altranft.de

Filmfest Eberswalde
Uraufführungen, überraschende Entdeckungen, Dokumentationen, Kurzfilme, Animationen, eine ganze Woche lang.
Eberswalde, Paul-Wunderlich-Haus, Am Markt 1; www.filmfest-eberswalde.de

NOVEMBER

Unidram
Theaterfestival mit jungen, experimentierfreudigen Gruppen, die nach neuen Wegen suchen, Grenzen zu überschreiten.
T-Werk, Schiffbauergasse, Potsdam; www.unidram.de

Tenor, Mezzosopranistin und Sopranistin proben im Hof des Schlosses Rheinsberg.

Wissenswertes von A bis Z

Berlin auf einen Blick

FLÄCHE: Berlin ist Hauptstadt der Bundesrepublik Deutschland und Bundesland. Bei einer Fläche von 891,67 km^2 ist die Stadtgrenze 234 km lang. Vom West- bis zum Ostrand der Stadt muss man 45 km fahren, vom Nord- bis zum Südrand 38 km. Havel und Spree, die in Spandau in die Havel mündet, fließen durch Berlin. 40 Prozent der Stadtfläche, inkl. Wasser und Freiflächen, sind unbebaut. 6,7 Prozent davon werden landwirtschaftlich genutzt. Der größte See ist der Große Müggelsee mit 767 ha.

HÖCHSTE PUNKTE: Die höchsten Erhebungen sind mit jeweils 113 m die Müggelberge und der aus Trümmerschutt aufgeschüttete Teufelsberg im Grunewald.

EINWOHNER: Mit 3 416 000 Einwohnern ist Berlin die größte deutsche Stadt. Ca. 14 Prozent sind nicht deutscher Herkunft, sie kommen aus 183 Nationen.

WIRTSCHAFT: Berlin ist nicht nur »arm, aber sexy«. Trotz anhaltend hoher Arbeitslosenquote um 14 Prozent verdienen die meisten Berliner ihren Lebensunterhalt selbst. 36 Prozent der Erwerbstätigen arbeiten im Dienstleistungssektor, 33 Prozent in der Industrie und 13 Prozent in Handel und Verkehr. Größter Arbeitgeber ist die Deutsche Bahn.

Brandenburg auf einen Blick

FLÄCHE: Das Bundesland Brandenburg (Hauptstadt Potsdam), das Berlin umgibt, reicht bis zur Oder und ist 29 480 km^2 groß. Nur 9,1 Prozent davon sind Siedlungs- und Verkehrsfläche. Landwirtschaft (1,45 Mio. ha), Wald (1,05 Mio. ha) und Wasser (101 000 ha) bestimmen das Bild. Der größte See ist der Scharmützelsee mit 1203 ha.

HÖCHSTE PUNKTE: Den Rang des höchsten Berges teilen sich der Kutscherberg (Werder) mit 201 m und der gleich hohe Hagelberg (Belzig, Fläming).

EINWOHNER: Mit 2 536 000 Einwohnern, das sind 86 pro km^2, ist Brandenburg nach Mecklenburg-Vorpommern (72 Einwohner je km^2) das am dünnsten besiedelte Bundesland. 97,4 Prozent der Einwohner sind Deutsche, 2,6 Prozent ausländischer Herkunft.

WIRTSCHAFT: Die meisten Brandenburger sind im Dienstleistungsbereich tätig, in Handel und Gewerbe. Verkehrs-, Landwirtschaft und Forstwirtschaft bieten immer weniger Arbeitsplätze, ebenso die Fischerei. Die Arbeitslosenquote liegt um 13 Prozent.

APOTHEKE

Rund um die Uhr geöffnet ist die Apotheke am Hauptbahnhof, Eingang Europaplatz.

Apotheken-Notdienste entnimmt man den Tafeln am Eingang jeder Apotheke oder dem Internet; www.akberlin.de

AUSKÜNFTE
Berlin Info-Stores

Brandenburger Tor, Südflügel; tgl. 10–19 Uhr
Neues Kranzler Eck, Kurfürstendamm 21 (Passage); Mo–Sa 10–20, So 10–18 Uhr
Bundestagspavillon
Am Reichstagsgebäude
Hauptbahnhof, Eingang Europaplatz; tgl. 8–22 Uhr
Alexa Shopping Center, Grunerstr. 20 (Alexanderplatz), Erdgeschoss; Mo–Sa 10–20 Uhr
www.visitBerlin.de

TMB Informations- und Buchungsservice ReiseLand Brandenburg

Informationen zu unterschiedlichen Themen von Aktiv- und Naturumlaub bis zu Unterkünften, Radfahrkarten, Wassersport, Kulturfesten, Wellnessurlaub, teilweise zum Download.
Am Neuen Markt 1, Potsdam;
Tel. 03 31/2 00 47 47;
www.reiseland-brandenburg.de

BÜCHER
Berliner Mauer-Radweg

Radtourenbuch und Karten mit vielen Geschichten zur Geschichte Berlins an den jeweiligen Original-Schauplätzen.
Michael Cramer, Esterbauer 2009

Berliner Spaziergänge

10 Wege durch verschiedene Zeiten und Quartiere.
Gisela Buddée, Merian live! 2009

Weekend Box

Kein Buch, eine Schachtel, halb gefüllt mit »50 coolen Freizeittipps« für Berlin und Umgebung, auf Karten.
Martin Wedau, Komet-Verlag 2009

Stoffwechsel

Brandenburg und Berlin in Bewegung: Ist Berlin Metropole und Brandenburg Provinz? Blickwechsel auf Zeit, Kunst, Raum und Mensch.
Kulturland Brandenburg, Koehler & Amelang 2008

Wende. Wandel. Wiedersehen
20 Jahre danach

Fotos und Texte von Leuten gestern und heute, was geschah, wo sie angekommen sind.
Joachim Liebe, Thomas Brussig; Koehler & Amelang 2009

Der Stechlin

Die Hauptfigur in Fontanes letztem großen Roman (1899 erschienen) trägt den Namen des schönen Sees im Ruppiner Land und autobiografische Züge.
Theodor Fontane, Aufbau tb 1996

Wanderungen durch die Mark Brandenburg

Klassiker, erster und gleich fünfbändiger Reiseführer durch die Region, zwischen 1862 und 1889 erschienen.
Theodor Fontane, Aufbau 2005

Mein Brandenburg

Liebenswürdige Schilderung der unspektakulär-schönen märkischen Landschaft mit Wäldern, Seen und weitem Himmel.
Günter de Bruyn, Fischer tb 2006

GUT ZU WISSEN
Familienpass

Besitzern des Familienpasses Brandenburg für 5 gewähren ca. 450 Anbieter aus den Bereichen Freizeit, Sport, Kultur und Familienbildung in Brandenburg und Berlin ständige Rabatte von mindestens 20 Prozent. Der Pass gilt für die ganze Familie (mindestens ein Erwachsener und ein Kind bis 18 J.). Alle 4–6 Wochen können Abonnenten einen Newsletter zu den Angeboten bekommen.
www.reiseland-brandenburg.de

FAHRRADTOUREN
ADFC

Ob Fahrradkarte, -Stadtplan, Online-Tourenplaner oder kompetent geführte Tour durch Berlin oder Brandenburg, der Service für Radfahrer ist umfassend.
Brunnenstr. 28; Tel. 0 30/4 48 47 24;
www.adfc-berlin.de;
Mo–Fr 12–20, Sa 10–16 Uhr

Radnavigator Brandenburg

Auf 4000 km ist das Radwegenetz angewachsen. Digital geht es über regionale Fahrradrouten mit mehr als 2000 touristischen Informationspunkten im Internet. Man kann auch die CD RadNavigator bestellen und seine Tour am heimischen PC planen.
www.radeln-in-brandenburg.de

Fahrradverleih

1700 Callbikes der DB stehen in der Stadt, sie sind per Anruf zu mieten (Telefonnr. am Rad), die Abrechnung erfolgt bargeldlos. Fahrradleihstationen gibt es am Bahnhof Friedrichstr., in den Hackeschen Höfen und in der Kultur-Brauerei in Prenzlauer Berg. Große Hotels in Brandenburg haben meist eine gute Auswahl an Leihrädern, aber auch kleine Pensionen vermitteln Kontakte zu Verleihern.

INTERNET
www.berlin.de/special/reisen/
ausfluege
Tipps im Umland, Hinweise auf aktuelle Veranstaltungen.

www.reiseland-brandenburg.de
Gut gepflegte Website mit interessanten Links zu allen denkbaren Fragen.

NOTRUF
Ärztlicher Notdienst/Apothekenbereitschaft
Tel. 31 00 31

Feuerwehr
Tel. 112

Giftnotruf
Tel. 1 92 40

Kindernotdienst
Tel. 61 00 61

Polizei
Tel. 110

Zahnärztlicher Notdienst
Tel. 89 00 43 33 (Ansagedienst)

SCHIFFFAHRTEN

Die Zahl der Reedereien hat seit dem Mauerfall derart zugenommen, dass zumindest an jeder Innenstadtbrücke Berlins ein Anleger liegt. Die meisten Schiffe sind jedoch nur zu kurzen Brückenfahrten unterwegs. Große Reedereien bieten auch mehrstündige und Tagesfahrten ins Umland an.

Stern und Kreisschifffahrt

25 Linien in und um Berlin.
Hafen Treptow; Tel. 0 30/53 63 60-0;
www.sternundkreis.de

Reederei Riedel

Cityrundfahrten, Abendfahrten, Sonderveranstaltungen.
Tel. 0 30/6 93 46 46;
www.reederei-riedel.de

Reederei Bruno Winkler

Citytouren, Touren nach Potsdam.
Tel. 0 30/3 49 95 95;
www.reedereiwinkler.de

SPORTSTÄTTEN
Bowling

Bowl Arena Spandau
20 Bowling-Bahnen, Sportsbar, Billard, Dart und für Theoretiker Live-Übertragung von Fußball, Boxen und Formel 1.
Neuendorfer Str. 39–42; Tel. 0 30/
35 10 96 66; Mo–Sa 10–24, So (Brunch)
9–24 Uhr; www.bowlarena.de

Kangaroo's Land
Bowlinganlage mit Outback-Flair in Lichtenberg, Spezialitätenrestaurant, Billard.
Hansastr. 236; Tel. 0 30/98 11 50 70;
Mo–Do 10–1, Fr, Sa 10–3, So 9–1 Uhr

Fliegen

FlyRanch
Gleitschirm- und Drachenfliegen, Schnuppertage und Tandemflüge.
Flugplatz Saarmund, Nuthetal;
Tel. 03 32 00/8 24 24; Apr.–Okt.;
www.flyranch.de

Fußball

Kickerworld Berlin
Für aktive und passive Fußballfreunde in Spandau, Hybridsportarten wie Fußballtennis.
Kleine Eiswerderstr. 1; Tel. 0 30/
74 74 42 24; Mo–Fr 11–23, Sa, So
10–24 Uhr; www.kickerworld-berlin.de

Soccerworld Berlin
Indoor-Soccer auf Kunstrasen in Tempelhof.
Richard-Tauber-Damm 36;
Tel. 0 30/7 42 10 91; Mo–Sa 10–24
Uhr; www.hallenfussball.de

Kampfsport

Kampfkunstakademie
Angebote für Kampfsportler von Aikido bis Zen-Meditation, Selbstverteidigung für Frauen und Kinder.
Joachim-Friedrich-Str. 37/38; Tel.
0 30/81 05 85 88; Mo–Fr 15.30–22,
Sa 10–13 Uhr; www.vingtsun-berlin.de

Kartbahnen

Elektrokartbahn Berlin
Vollklimatisierte Kartbahn im 5. Stock der Galeria Kaufhof am Ostbahnhof mit 16 umweltfreundlichen Elektrokarts: 10,5 KW reichen für 50 km/h.
Koppenstr. 8; Tel. 0 30/24 54 01 60;
Mo–Do 10–24, Fr, Sa 10–2, So 10–22
Uhr; www.elektrokartbahn.de

XXL Location

1200 m lange Rennstrecke, Karts mit bis zu 18 PS, Outdoor Kart, Regenrennen, Zeitmessung.
Flugplatzweg 6, Niedergörsdorf; Tel. 03 37 41/7 20 66; www.xxl-location.com

Segeln

Segelschule Havel
Motorboot und Segelkurse für Binnen, See und Hochsee, Kinderkurse, Seefunk, Motorenkunde und Radar, Segelevents, Bootsvermietung, Kanu, Jolle und Kielboot.
Am Pichelssee 9 B; Tel. 0 30/3 62 60 20; Mo–Fr 13–19, Sa, So 10–18 Uhr; www.segelschulehavel.de

Snooker

Snookercenter Berlin
22 Snookertische auf 2000 m^2 am Potsdamer Platz, 8 Pool-Tische in 9-Fuß-Turnierqualität. Mo Turnier (Handycap bis zu 40 P. Vorsprung). Sonst Billard, Kicker, Tischtennis.
Dessauer Str. 3; Tel. 0 30/26 39 62 76; Mo, Di, Do, So 11–2, Mi, Fr, Sa 11–4 Uhr;
www.snookercenter-berlin.de

Sportparks und -hallen

Havellandhalle
Eine der größten Freizeitsportanlagen Deutschlands, Angebot: Tennis, Squash, Badminton, Beachvolleyball, Tischtennis, Fußball, Basketball, Feldhockey, Nordic Walking, Gerätetraining und 350 Fitnesskurse im Monat, z. B. Thai Bo, Spinning, Pilates, Yoga ...
Alte Dorfstr. 32, Seeburg bei Spandau; Tel. 03 32 01/2 10 20; tgl. 7–24 Uhr; www.havellandhalle.de

Preussenpark
Tennis-Hochburg in Lankwitz, Out- und Indoorplätze, Badminton, Squash, Billard, Kegeln.
Kamenzer Damm 34; Tel. 0 30/ 7 75 10 51; tgl. 8–23 Uhr; www.preussenpark-berlin.de

Sporthalle an der Wuhle
Tennis, Badminton, Squash, Tischtennis, Basketball, Fit- und Wellness in Marzahn.
Wittenberger Str. 40; Tel. 0 30/ 60 05 33 44; Öffnungszeiten s. Website; www.sporthalle-wuhle.de

Team Venture
Hochseilgarten, Beachsoccer, Seifenkistenbau, City Rallye in Lichtenberg.
Hauptstr. 2; Tel. 0 30/55 15 13 59; Mai– Sept. Mo–Fr ab 17, Sa, So ab 11 Uhr; www.teamventure.de

Turm Erlebnis-City
Beachsport, Fitness, Schwimmen, Klettern, Sauna.
André-Pican-Str. 42, Oranienburg; Tel. 01 80/3 16 21 62; tgl. 9–22 Uhr; www.erlebniscity.de

STADTFÜHRUNGEN

Informationsblätter über Unmengen möglicher Stadtführungen liegen in den Info-Stores aus (s. Auskünfte). Angeboten werden Führungen zur Filmstadt Berlin, zur Industriekultur, zu Schauplätzen deutscher Revolution, zu Oasen der Großstadt, zu Galerien und Modefirmen, zu jedem denkbaren Thema. Man kann zertifizierte Begleiter für Tag- wie für Nachttouren mieten.

StattReisen
Von anhaltend gutem Ruf und einmaliger Bandbreite und Qualität der angebotenen Führungen profitieren nicht nur Touristen, sondern auch viele Berliner immer wieder. **Malplaquetstr. 5; Tel. 030 /4 55 30 28; www.stattreisenberlin.de**

Verkehrsverbindungen

Mit dem Auto kommt man überall hin, viele Bahnstrecken in Brandenburg sind stillgelegt worden, weil sie unrentabel sind. Zu manchen Orten hat man zwar vom nächstgelegenen Bahnhof einen Busanschluss, für spontane Touren aber manchmal zu selten. Da empfiehlt sich Vorbereitung. Eine gut brauchbare Internetseite ist **www.vbb-online.de.**

Regio-Ticket

Mit dem Berlin-Brandenburg-Ticket können bis zu 5 Personen oder Eltern mit beliebig vielen Kindern unter 15 J. oder Großeltern mit beliebig vielen Enkelkindern Mo bis Fr von 9 Uhr bis 3 Uhr am Folgetag für 27 € (1. Klasse 47 €) mit allen Verkehrsmitteln des Verkehrsverbundes Berlin-Brandenburg (VBB) fahren (außer Schöneicher-Rüdersdorfer Straßenbahn). Am WE gilt das Ticket bereits ab 0 Uhr.

Mit dem Berlin-Brandenburg-Nachtticket fahren bis zu 5 Personen von 18 bis 6 Uhr am Folgetag für 20 € (1. Klasse 40 €) in den Fahrzeugen von RE, RB, S-Bahn und BVG.

Fahrkarten gibt es am Automaten oder im Internet, www.bahn.de/ fahrkartenshop; im personenbedienten Verkauf (auf Bahnhöfen) muss man 2 € zusätzlich bezahlen. Information am RegioPunkt im Bahnhof Alexanderplatz oder **www.bahn.de/Berlin-Brandenburg.**

Das Berlin-Brandenburg-Ticket berechtigt zu Nachlässen auf Eintrittspreise verschiedener Anbieter von Tropical Islands bis Ziegelei Mildenberg.

Zu beachten ist, dass nicht alle RE- und RB-Züge und Züge anderer Gesellschaften am Hauptbahnhof starten, manche starten in Lichtenberg, am Ostbahnhof, am Gesundbrunnen, am Bahnhof Zoologischer Garten, Charlottenburg oder Südkreuz. In den Bahnhöfen liegen Streckenfahrpläne aus, ebenso bei den S-Bahn-Informationsstellen.

Zeitungen

Alle 14 Tage erscheinen in Berlin »Zitty« und »Tip« alternierend mit Veranstaltungskalender, Freizeit- und Restauranttipps, Theater-, Film- und Veranstaltungsrezensionen, einmal im Monat erscheint das Stadtmagazin »Prinz« mit aktuellen Freizeit-, Lifestyle- und Gastro-Tipps. Alle der neun Tageszeitungen informieren regelmäßig über neue Ausflugstipps für Berlin und Umland. Einmal im Jahr gibt »Zitty« ein Spezial zu Sport und Kultur in Brandenburg heraus.

»Brandenburg – das Reisemagazin« informiert je nach Saison mit Geschichten und Tipps über Veranstaltungen.

Museen

Berlin

Alte Nationalgalerie
Gemälde des 19. Jh., Höhepunkt der Sammlung: französische Impressionisten.
Bodestr. 1–3; Di–So 10–18, Do bis 22 Uhr
www.smb.museum.de

Altes Museum
Blick in die Antike und zum Beginn der europäischen Kultur.
Bodestr. 1–3; Di–So 10–18, Do bis 22 Uhr
www.smb.museum.de

Berliner Unterwelten-Museum
Geführte Wege in Bunker, Flakruinen und Stadtrohrpost.
Brunnenstr. 105; tgl. ab 10.30 Uhr, nur Führungen
www.berliner-unterwelten.de

Bode-Museum
Große Sammlung älterer Plastiken, Byzantinische Kunst, Münzkabinett.
Monbijoubrücke; tgl. 10–18, Do bis 22 Uhr; Münzkabinett Di–Fr 10–16.30 Uhr nach Anmeldung; Tel. 030 / 20 90 55 77
www.smb.museum.de

DDR-Museum
Im Trabi sitzen, FDJ-Hemd anfassen, Alltag im Kleinen erfahren, aber auch in der Stasi-Ecke Abhörtechnik erkunden.
Karl-Liebknecht-Str. 1; So–Fr 10–20, Sa bis 22 Uhr
www.ddr-museum.de

Deutsches Historisches Museum
Realität von gestern, heute im ehemaligen Zeughaus als Geschichte präsentiert.
Unter den Linden 2, tgl. 10–18 Uhr
www.dhm.de

Gemäldegalerie
Eine der weltweit bedeutendsten Sammlungen europäischer Malerei vom 13. bis 18. Jh.
Matthäikirchplatz; Di–So 10–18, Do bis 22 Uhr
www.smb.museum.de

Jüdisches Museum
Jüdische Geschichte in einem Gebäude, von Stararchitekt Daniel Libeskind wie ein zerborstener Davidstern entworfen.
Lindenstr. 9–14; Di–So 10–20, Mo bis 22 Uhr (außer Jom Kippur, Rosch Haschana, Sept./Okt., Heiligabend)
www.jmberlin.de

Martin-Gropius-Bau
Eines der schönsten Ausstellungshäuser Berlins, 1881 eröffnet.
Niederkirchnerstr. 7; Mi–Mo 10–20 Uhr
www.museumsportal-berlin.de

Museum für Naturkunde
30 Mio. Sammlungsobjekte vom Archaeopterix bis zur modernen Kopflaus.
Invalidenstr. 43; Di–Fr 9.30–17 Uhr, Sa, So 10–18
www.naturkundemuseum-berlin.de

Neues Museum

Nofretete ist wieder zu sehen – im einzigartig von David Chipperfield restaurierten Museum. So ist die Museumsinsel wieder komplett.

Bodestr. 1–3; So–Mi 10–18, Do–Sa bis 20 Uhr
www.smb.museum.de

Pergamonmuseum

Berlins aufregendste Treppe: 27 Stufen zu Göttern und Giganten auf dem Pergamonaltar. Atemberaubend schön: das Ischtar-Tor.

Am Kupfergraben 5; tgl. 10–18, Do bis 22 Uhr
www.smb.museum.de

Umland

BERNAU
Steintor und Henkerhaus

Im Henkerhaus Geschichte der Scharfrichterei, im Steintor mit Rüstkammer und Hungerturm mittelalterliche Geschichte Bernaus.

Breitscheidstr. 43c; Steintor Mai–Okt. Di–Fr 9–12 und 14–17, Sa, So 10–13 und 14–17 Uhr;
Henkerhaus Di–Fr 9–12 und 13–17, Sa, So 10–13, 14–17 Uhr
www.bernau-bei-berlin.de

CAPUTH
Schloss Caputh

Ein heiteres Jagdschlösschen, das einzige in der Potsdamer Kulturlandschaft aus der Zeit des Großen Kurfürsten (1662).

Straße der Einheit 2; Mai–Okt. Di–So 10–18, Nov.–Apr. Sa, So 10–17 Uhr
www.spsg.de

FERCH
Museum der Malerkolonie

Ein strohgedecktes Fachwerkhaus, weiße Wände, indirektes Licht und Ölgemälde der Maler seit Ende des 19. Jh.

Beelitzer Str. 1; Mi–So 11–17 Uhr
www.havellaendische-malerkolonie.de

NEURUPPIN
Museum

Darstellungen zur Stadtgeschichte, zur Geschichte des »Neuruppiner Bilderbogen«, zu Schinkel und Fontane.

August-Bebel-Str. 14/15; Apr.–Okt. Di–Fr 12–17, Sa, So 11–17, Nov.–März Di–Fr, So 11–16 Uhr
www.neuruppin.de

POTSDAM
Haus der Brandenburgisch-Preußischen Geschichte

Land und Leute, Geschichte und Geschichten in Multimedia- und Hörstationen.

Kutschstall/Am Neuen Markt 9; Di–Fr 10–17, Sa, So, feiertags 10–18 Uhr
www.hbpg.de

Park und Schlösser Sanssouci

Ergebnis von 200 wichtigen Jahren hohenzollernscher Bautätigkeit- vom 17. bis zum 20. Jh., in fantasievolle Parkanlagen eingebettet.

Unterschiedliche Öffnungszeiten der Schlösser, Besucherzentrum an der Historischen Mühle;
Tel. 03 31/96 94 202
www.spsg.de

Register

Quickfinder – alle Ausflugstipps auf einen Blick

Tipp	Seite	Ort	Ausflugstipp	Jahreszeit
1	14	Fürstenberg/ Havel	Draisine fahren	ganzjährig
2	16	Neuglobsow	Schwimmen, tauchen, laufen	ganzjährig Tauchen Apr.–Okt.
3	17	Horst	Atelier im Grünen	ganzjährig
4	18	Rheinsberg	Schloss und Museum besichtigen	ganzjährig
5	20	Gransee	Tandemspringen	Frühling bis Herbst
6	21	Dannenwalde	Barfußpfad	Frühling bis Herbst
7	22	Schönermark	Wanderreiten	ganzjährig n. Anm.
8	24	Neuruppin	Stadtbesichtigung, Museum und Therme	ganzjährig
9	26	Netzeband	Open-Air-Theater	Frühling bis Herbst
10	27	Stölln	Flugzeug besichtigen	ganzjährig
11	28	Linum	Storchendorf	Frühling bis Herbst
12	29	Rathenow	Das Havelland überfliegen	ganzjährig
13	30	Ribbeck	Schloss Ribbeck	ganzjährig
14	32	Dallgow	Wildtiere sehen	ganzjährig
15	33	Bollmannsruh	Wassersport	Frühling bis Herbst
16	34	Templin	Westernstadt	Frühling bis Herbst
17	35	Templin	Kartfahren	ganzjährig
18	36	Templin	Stadtbesichtigung und Bootstour	ganzjährig
19	37	Angermünde	Naturerlebnis Blumberger Mühle	ganzjährig
20	38	Joachimsthal	Blick vom Wasserturm	Frühling bis Herbst

Restaurant	Museum	Wandern, Spazieren	Radeln	Zoo, Tierpark, Reiten	Besichtigung	Theater, Veranstaltung	Wasseraktivitäten	Tipps für Kids	Sport & Fitness	Freizeit-/Activitypark	Shopping	für Regentage
			🚲		⛪		≈	👪	☉			
	🏛	🚶					≈	👪	☉			
		🚶				🎭						☂
✕	🏛	🚶	🚲		⛪	🎭	≈	👪	☉			☂
									☉			
		🚶						👪				
				🐘	⛪				☉			
✕	🏛	🚶			⛪		≈	👪				☂
✕						🎭		👪				
✕	🏛							👪				
	🏛			🐘	⛪			👪				
								👪	☉			
✕	🏛	🚶			⛪			👪			🛍	
		🚶		🐘	⛪			👪				
							≈	👪	☉			
✕						🎭		👪	☉	⚙	🛍	
								👪	☉	⚙		
✕		🚶	🚲		⛪		≈	👪	☉			
		🚶		🐘	⛪			👪				
					⛪							

Quickfinder – alle Ausflugstipps auf einen Blick

Tipp	Seite	Ort	Ausflugstipp	Jahreszeit
21	39	Groß Schönebeck	Wildpark Schorfheide	ganzjährig
22	40	Zehdenick	Ziegeleipark Mildenberg erkunden	Frühling bis Herbst
23	42	Chorin	Kloster und Konzerte	ganzjährig Musiksommer Jun.–Aug.
24	43	Brodowin	Ökodorf erleben	ganzjährig
25	44	Nassenheide	Kamelreiten	Sommerzeit
26	45	Klosterfelde	Artistenmuseum	ganzjährig
27	46	Oranienburg	Schloss und Gedenkstätte besuchen	ganzjährig
28	48	Eberswalde	Familiengarten	Frühling bis Herbst
29	49	Niederfinow	Schiffshebewerk	ganzjährig
30	50	Bad Freienwalde	Wintersport	ganzjährig
31	52	Altranft	Kulturwanderung	ganzjährig Aktionstage
32	54	Altlandsberg	Golfpark Schloss Wilkendorf	ganzjährig
33	55	Buckow	Spaziergang und Brecht-Museum	ganzjährig
34	56	Neuhardenberg	Schloss und Kulturprogramm	ganzjährig
35	58	Gusow und Seelow	Museum und Gedenkstätte	ganzjährig
36	60	Müncheberg	Oderbruchbahnradweg	Frühling bis Herbst
37	62	Strausberg	Kletterwald	ganzjährig
38	63	Dahlwitz-Hoppegarten	Pferderennen	ganzjährig
39	64	Berlin-Marzahn	Gärten der Welt	ganzjährig
40	66	Berlin-Siemensstadt	Spaziergang durchs Weltkulturerbe	ganzjährig
41	68	Berlin	Tanzen im Park	Frühling bis Herbst

Restaurant	Museum	Wandern, Spazieren	Radeln	Zoo, Tierpark, Reiten	Besichtigung	Theater, Veranstaltung	Wasseraktivitäten	Tipps für Kids	Sport & Fitness	Freizeit-/Activitypark	Shopping	für Regentage
		🚶		🐘	🏛			👪				
✕	🏛				🏛			👪				
✕	🏛	🚶	🚲		🏛	🎭						☂
✕	🏛				🏛			👪			🛍	
✕				🐘				👪	⚬⚬			
	🏛				🏛	🎭		👪				☂
	🏛	🚶	🚲		🏛							
	🏛					🎭		👪	⚬⚬	🎡		
					🏛			👪				
									⚬⚬			
	🏛	🚶	🚲	🐘	🏛			👪	⚬⚬			
								👪	⚬⚬			
✕	🏛	🚶			🏛	🎭	≈					☂
✕	🏛	🚶	🚲		🏛	🎭						☂
✕	🏛	🚶	🚲		🏛	🎭						☂
✕			🚲		🏛							
							≈	👪	⚬⚬			
✕				🐘				👪				
✕		🚶			🏛			👪				
		🚶			🏛							
						🎭			⚬⚬			

Quickfinder – alle Ausflugstipps auf einen Blick

Tipp	Seite	Ort	Ausflugstipp	Jahreszeit
42	70	Berlin-Tiergarten	Musikinstrumentenmuseum	ganzjährig
43	71	Berlin-Lichtenberg	Vietnamesischer Großhandel	ganzjährig
44	73	Berlin-Wedding-Pankow	Auf dem Pankeweg	ganzjährig
45	74	Berlin-Mitte	Speedminton spielen	ganzjährig
46	75	Berlin-Mitte	Ballspiele am Strand	ganzjährig
47	76	Berlin-Wedding	Klettern in der Halle	ganzjährig
48	77	Berlin-Mitte	Vom Hoteldach springen	ganzjährig
49	78	Berlin	Strandbars und kaum bekannte Idyllen	Frühling bis Herbst
50	80	Berlin-Mitte	Berliner Mauer-Radweg	ganzjährig
51	82	Berlin	Schiffsrundfahrt	Frühling bis Herbst
52	84	Berlin	Stadtbesichtigung mit dem Linienbus	ganzjährig
53	86	Berlin-Wilmersdorf	Natur beobachten und verstehen	ganzjährig
54	87	Berlin	Joggen und trinken	ganzjährig
55	88	Berlin-Kreuzberg-Reinickendorf	Boule spielen	ganzjährig
56	89	Berlin-Treptow	Grillen an Bord	Frühling bis Herbst
57	90	Berlin-Schöneberg	Gasometer erklimmen	Frühling bis Herbst
58	92	Berlin-Neukölln	Spaziergang durchs Böhmische Dorf	ganzjährig
59	93	Berlin-Treptow	Hanflabyrinth	Sommer
60	94	Berlin-Köpenick	Dahme-Tour	Frühling bis Herbst
61	95	Berlin-Karlshorst	Modellpark	Frühling bis Herbst
62	96	Berlin Friedrichshagen	Spaziergang am Großen Müggelsee	ganzjährig

Restaurant	Museum	Wandern, Spazieren	Radeln	Zoo, Tierpark, Reiten	Besichtigung	Theater, Veranstaltung	Wasseraktivitäten	Tipps für Kids	Sport & Fitness	Freizeit-/Activitypark	Shopping	für Regentage
	●					●		●				●
●					●						●	●
●		●	●		●				●			
									●			
								●	●	●		●
								●	●			●
									●			
●			●				●					
	●		●		●							
●					●		●	●				
					●							●
		●			●	●	●	●				
●		●							●			
								●	●	●		●
●					●		●	●				
					●				●			
●	●	●			●			●				
		●			●			●				
					●		●	●				
		●			●			●				
●		●	●		●		●	●			●	

Quickfinder – alle Ausflugstipps auf einen Blick

Tipp	Seite	Ort	Ausflugstipp	Jahreszeit
63	98	Rüdersdorf	Industriedenkmal Museumspark	ganzjährig
64	100	Großbeeren	Wasserskianlage	Frühling bis Herbst
65	101	Stahnsdorf	Südwestkirchhof	ganzjährig
66	102	Königs Wusterhausen	Schloss und Rundfunkmuseum	ganzjährig
67	104	Bad Saarow	Stadtbesichtigung und Thermalsolebad	ganzjährig
68	106	Storkow	Naturlandschaft Groß Schauener Seen	ganzjährig
69	108	Müllrose	Wandern und Mühlen	ganzjährig
70	110	Blossin	Schwimmen oder eissegeln	ganzjährig
71	111	Wünsdorf	Bunker- und Bücherstadt	ganzjährig
72	112	Beeskow	DDR-Kunst sehen	ganzjährig
73	113	Petkus	Kräuter kennenlernen	Frühling bis Herbst
74	114	Krausnick	Tropical Islands	ganzjährig
75	115	Baruth	Museumsdorf Glashütte	ganzjährig
76	116	Spreewald	Zu Fuß und per Boot	ganzjährig
77	118	Brandenburg/ Havel	Stadtbesichtigung	ganzjährig
78	120	Potsdam	Schmetterlinge und Palmen	ganzjährig
79	121	Potsdam	Filmpark Babelsberg	Frühling bis Herbst
80	122	Potsdam	Russische Kolonie Alexandrowka	ganzjährig
81	124	Werder	Wandertheater Ton und Kirschen	Frühling bis Herbst
82	125	Werder	Panoramaweg Werderobst	ganzjährig
83	126	Schwielowsee	Ein Stück Europaradweg R 1	ganzjährig
84	127	Groß Briesen	Reiten auf Islandpferden	ganzjährig
85	128	Linthe	Ballonfahren	ganzjährig
86	129	Rabenstein	Burg und Falknerei	ganzjährig
87	130	Luckenwalde	Hochseilgarten	Frühling bis Herbst
88	131	Jüterbog	Skaten im Fläming	ganzjährig

Restaurant	Museum	Wandern, Spazieren	Radeln	Zoo, Tierpark, Reiten	Besichtigung	Theater, Veranstaltung	Wasseraktivitäten	Tipps für Kids	Sport & Fitness	Freizeit-/Activitypark	Shopping	für Regentage
✕	🏛	🚶			🏛	🎭						
							≈	👪	⦿			
		🚶			🏛							
✕	🏛	🚶	🚲		🏛	🎭					🛍	☂
✕		🚶	🚲		🏛	🎭	≈		⦿			☂
✕		🚶		🐘	🏛		≈	👪				
✕		🚶	🚲		🏛		≈	👪				
✕		🚶					≈	👪	⦿			
✕	🏛				🏛						🛍	☂
✕	🏛				🏛							☂
					🏛			👪			🛍	
							≈	👪	⦿	🎡		☂
✕	🏛	🚶			🏛	🎭		👪	⦿		🛍	☂
✕	🏛				🏛	🎭	≈	👪	⦿		🛍	
✕	🏛	🚶			🏛	🎭	≈	👪				☂
✕				🐘	🏛	🎭		👪				☂
✕		🚶			🏛	🎭		👪		🎡	🛍	☂
✕	🏛	🚶			🏛							
✕						🎭		👪				
✕		🚶	🚲		🏛	🎭					🛍	
✕	🏛	🚶	🚲		🏛		≈	👪				
				🐘				👪	⦿			
✕								👪	⦿			
✕	🏛			🐘	🏛	🎭		👪			🛍	☂
✕								👪	⦿			
✕		🚶	🚲		🏛		≈	👪	⦿			

IMPRESSUM

Liebe Leserinnen und Leser,
vielen Dank, dass Sie sich für einen Titel aus unserer Reihe MERIAN aktiv entschieden haben. Wir freuen uns, Ihre Meinung zu diesem Freizeitführer zu erfahren. Bitte schreiben Sie uns an merian-aktiv@travel-house-media.de, wenn Sie Berichtigungen und Ergänzungen haben – und natürlich auch, wenn Ihnen etwas ganz besonders gefällt.
Alle Angaben in diesem Freizeiführer sind gewissenhaft geprüft. Preise, Öffnungszeiten usw. können sich aber schnell ändern. Für eventuelle Fehler übernimmt der Verlag keine Haftung.

© 2010 TRAVEL HOUSE MEDIA
  GmbH, München
MERIAN ist eine eingetragene Marke der GANSKE VERLAGSGRUPPE.

1. Auflage

Alle Rechte vorbehalten. Nachdruck, auch auszugsweise, sowie die Verbreitung durch Film, Funk, Fernsehen und Internet, durch fotomechanische Wiedergabe, Tonträger und Datenverarbeitungssysteme jeglicher Art nur mit schriftlicher Genehmigung des Verlages.

BEI INTERESSE AN DIGITALEN DATEN AUS DER MERIAN-KARTOGRAPHIE:
iPUBLISH GmbH, Abt. Cartography
merianmapbase@ipublish.de
www.merianmapbase.de

TRAVEL HOUSE MEDIA
Postfach 86 03 66
81630 München
merian-aktiv@travel-house-media.de
www.merian.de

PROGRAMMLEITUNG
Dr. Stefan Rieß
KONZEPT UND IDEE
Verónica Reisenegger, Ingra Halder, Andreas Hugle
PROJEKTMANAGEMENT
Andreas Hugle
REDAKTION
medienagentur thomas hack
www.hack-media.com
REIHENGESTALTUNG
bookwise medienproduktion GmbH, München
KARTEN
MERIAN-Kartographie
DRUCK UND BINDUNG
Polygraf Print, Slowakei
GEDRUCKT AUF
Eurobulk Papier von der Papier Union

Mix
Produktgruppe aus vorbildlich bewirtschafteten Wäldern, kontrollierten Herkünften und Recyclingholz oder -fasern
www.fsc.org   Zert.-Nr. SGS-COC-004980
© 1996 Forest Stewardship Council

FSC

Ein Unternehmen der
GANSKE VERLAGSGRUPPE

BILDNACHWEIS

Titelbilder (von links nach rechts): Magic Mountain/GRACO; bodemuseum/Land Berlin; Herbert Obermayer
Agentur Bilderberg/Ulf Boettcher: 33; AP Photo/Markus Schreiber: 66; Berlin Picture Gate: 135; Berliner Verkehrsbetriebe, Donath: 84; Bildagentur Huber/Gräfenhain: 82, 104; Bildagentur Huber/von Dachsberg: 36, 49; Biosphäre Potsdam: 13; Jürgen Brath: 4 (r), 20; Caro/Hechtenberg: 75; Caro/Maria Conradi: 4 (m), 68; Caro/Muhs: 90; Caro/Sorge: 63; Caro/Teschner: 12, 131; Caro/Waechter: 92; CLIMB UP!: 62; Corbis/Pete Leonard: 43; dpa Picture-Alliance: 98; dpa Picture-Alliance/Arno Burgi: 112; dpa Picture-Alliance/Johannes Eisele: 95; dpa Picture-Alliance/Klaus Franke: 5 (r), 35; dpa Picture-Alliance/Michael Hanschke: 30, 110; dpa Picture-Alliance/Jens Kalaene: 5 (m), 10, 24, 26, 27, 139; dpa Picture-Alliance/Stephanie Pilick: 66; dpa Picture-Alliance/Patrick Pleul: 2 (m), 3 (l), 16, 22, 42, 52, 54; dpa Picture-Alliance/Bernd Settnik: 5 (l), 28; El Dorado Templin: 34; Explorer/Patrick Forget: 17; F1 online: 127; FILMPARK Babelsberg: 2 (r), 121; Fleckschnupphof Nassenheide/Gerrit Meier: 44; Flugschule Rall: 29; Dirk Fröhlich: 129; Thomas Hack: 8, 21, 39; fotolia.de/Mike Haufe: 6, merc/fotolia.de: 132 (m); Steffen Hauser: 64; Thomas Hein: 122; Huber/Ripani Massimo: 6, Huber/von Dachsberg: 7; imago/fototraube.de: 12; imago/Sabine Gudath: 93; Dr. Th. Jablonski: 40; Kavalierhäuser Schloss Königs Wusterhausen Betriebsgesellschaft mbH: 102; Martin Kirchner/fischundblume/tourismuskontor: 118; Birgit Koch: 86; Bernd Kröger: 80; Eitan SIMANOR/eyedea/laif: 132 (r); Laif/Julia Baier: 113; laif/Malte Jäger: 6; Linus Lintner: 38; Magic Mountain/GRACO: 12, 76; Olaf Möldner: 124; Musikinstrumenten-Museum des Staatlichen Instituts für Musikforschung Berlin, Preußischer Kulturbesitz: 70; Herbert Obermayer: 116; Mathias Otto: 37; Peter Nitschke: 32; Photocase: 87; picture-alliance: 89; picture-alliance/Berliner Zeitung: 133; picture-alliance/dpa: 111, 125, 132 (l); picture-alliance/HB Verlag: 55, 80; Picture-Alliance/Patrick Pleul: 3 (r), 60, 106, 108; picture-alliance/ZB: 2 (l), 3 (m), 45, 48, 71, 72, 94, 106, 115, 128; Jürgen Rasche: 96; Resort Mark Brandenburg: 24; Karlheinz Schindler/ZB FUNKREGIO OST: 130; Bernd Schönberger: 78; Ernst-Wolfgang Schulz – Altranft: 50; Jochen Schweizer: 75; Schwielowsee Tourismus e.V.: 126; Peter Siebke: 58; Stiftung Preußische Schlösser und Gärten Berlin-Brandenburg/Helma Heldt: 18; Stiftung Preußische Schlösser und Gärten Berlin-Brandenburg/Daniel Lindner: 46; Stiftung Schloss Neuhardenberg/Toma Babovic: 56; Tropical Islands: 114; ullstein bild - Lambert: 88; VR FOTO.de: 100; Bernd Wilcke: 103; www.Erlebnisbahn.de: 14; www.istockphoto.com: 4 (l), 120; www.speedminton.com: 74; www.wikipedia.de/Alexander Savin, lizenziert unter Creative Commons CC-BY-SA-3.0: 101

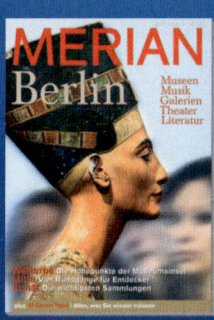

Liniennetz *Routemap* B

Tarifbereich Berlin *Fare zon*

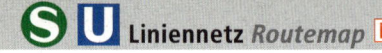

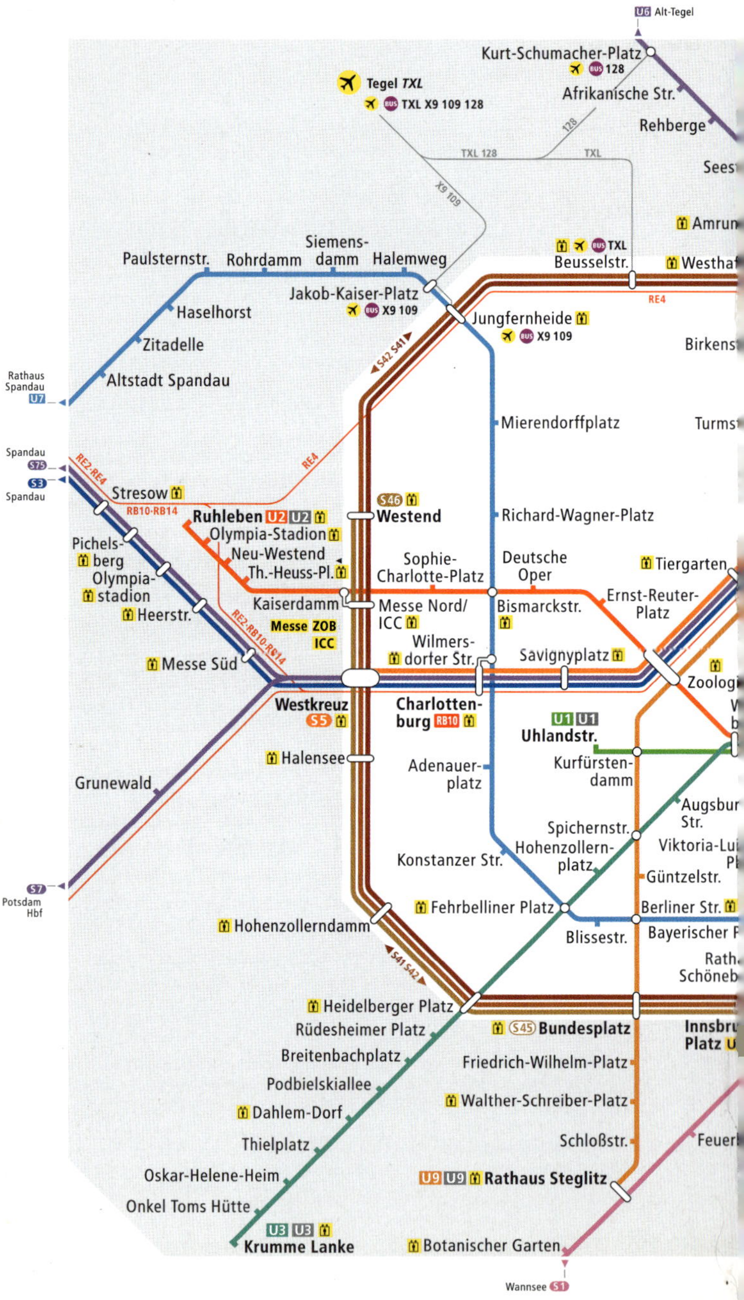